A propos du CD-ROM
Immemory
de Chris Marker

Essais de
Essays by

Laurent Roth
Raymond Bellour

1997
Yves Gevaert Éditeur
Centre Georges Pompidou

Couverture/cover: Chris Marker, *Immemory*, 1997

Avant-propos de Christine van Assche 5
Foreword by Christine van Assche 7

LAURENT ROTH
D'un Yakoute affligé de strabisme 9
A Yakut Afflicted with Strabismus 37

RAYMOND BELLOUR
Le livre, aller, retour 65
The Book, Back and Forth 109

Filmographie/Filmography 156

Chris Marker, *Immemory*, 1997

Avant-propos

Ecrivain, cinéaste, photographe, savant, poète, voyageur, explorateur, chercheur, collectionneur d'images, producteur de textes, Chris Marker semble être le citoyen idéal d'un musée d'art moderne

Avec l'installation *Zapping Zone*, réalisée en 1989-90 à l'occasion de l'exposition «Passages de l'image», et *Immemory*, œuvre informatique conçue de 1993 à 1997 pour le musée et l'édition, Chris Marker s'est introduit dans le champ de arts plastiques, même si *Les Statues meurent aussi*, *La Jetée*, *Sans soleil*, *L'Héritage de la chouette* – pour ne pas mentionner les *Petites Planètes* et les *Commentaires* – lui en avaient déjà généreusement ouvert les portes. Toutefois la réflexion engendrée dans ces deux œuvres s'approche de celle d'un musée imaginaire, tient à distance le cinéma et la littérature – les considérant plutôt comme modèles – et introduit la planète informatique dans le champ des arts plastiques.

Chris Marker s'impose comme un pionnier des domaines esthétiques, un enquêteur infatigable des frontières et des limites, un sondeur des terrains mouvants. Ne cherchant jamais à se positionner définitivement dans un territoire connu, dans un paysage repéré, il navigue entre l'écran unique et le multi-écran, l'objectivité et la subjectivité, le documentaire et la fiction, entre le linéaire et le rhizome, entre l'analogique et le métaphorique, entre le texte et l'image.

Sa place dans le musée, il l'a choisie lui-même, de même que celle qu'il occupe dans l'histoire du cinéma, de la littérature, de l'informatique. Cette position représente à la fois une zone de liberté, une zone alternative (aux espaces de diffusion commerciale télévisuelle et cinématographique), et une zone de conversation des mémoires individuelle et collective.

Durant notre époque qui assiste à l'accélération des moyens technologiques, le musée demeure plus que jamais un lieu de préservation des connaissances et des expressions.

Ce petit livre accompagne le CD-ROM *Immemory*, et donne quelques outils aux spectateurs-navigateurs perdus dans cette œuvre immense et secrète. Il se veut contemporain et non rétrospectif.

Christine van Assche

Foreword

Writer, filmmaker, photographer, scholar, poet, traveler, explorer, researcher, collector of images, producer of texts – Chris Marker seems to be the ideal citizen of a museum of modern art.

With the installation *Zapping Zone*, created in 1989-1990 for the exhibition *Passages de l'image*, and with *Immemory*, a computer work carried out from 1995 to 1997 for exhibition and for publication, Marker has entered the field of the plastic arts, whose doors he had already opened wide with *Les Statues meurent aussi*, *La Jetée*, *Sans soleil*, and *L'Héritage de la chouette*, not to mention his *Petites Planètes* and *Commentaires*. But the reflection engendered by these two recent works approaches that of an imaginary museum, holding cinema and literature at a distance (considering them rather as models), and introducing the computer planet into the plastic arts.

Chris Marker stands as a pioneer of new aesthetic domains, tirelessly investigating borders and limits, probing shifting terrains. Never seeking a definitive position in a known landscape, he constantly navigates between single and multiple screens, between subjectivity and objectivity, documentary and fiction, linearity and the rhizome, analogy and metaphor, text and image.

He has chosen his place in the museum, just as he has chosen the place he occupies in the histories of cinema, literature, and computer art. This position represents at once a zone of liberty, an alternative zone (in relation to commercial television and cinema), and a zone of conversation between individual and collective memories.

In a time when we are witnessing the acceleration of technological development, the museum remains more than ever a place for the preservation of a diversity of knowledge and expression.

This little book accompanies the publication of the CD-ROM *Immemory*, offering a few tools for the spectator-navigator who may get lost in that immense and secret work.
Its aim is contemporary, not retrospective.

Christine van Assche

Chris Marker, *Sans soleil*, 1982

D'un Yakoute affligé de strabisme
par Laurent Roth

«Tout ce que je peux offrir, c'est moi.»
Chris Marker

Où l'auteur ne se souvient plus de rien

Des films de Chris Marker, j'éprouve de la difficulté à me souvenir: il m'en reste le ravissement, mais pas d'image. Revenons à la première fois. J'avais vingt ans quand sortit *Sans soleil*. Je le vis, je crois, au Studio de l'Epée de Bois. J'éprouve encore cette impression comateuse du passage de la salle à la rue, inondée de soleil. Et s'il faut me souvenir du film aujourd'hui, c'est de la fleur piquée dans les cheveux de la danseuse, et d'un certain état d'excitation sexuelle qu'il me faudrait parler. Cet état d'amnésie ne laisse pas de m'inquiéter: j'aimerais parler du plus grand cinéaste de la mémoire, et je m'aperçois que ses images ne se sont pas inscrites en moi, comme il y va toujours dès qu'il s'agit de *vrai* cinéma. Pour Bresson, Renoir, Godard ou Griffith, cinéastes du plan, aucun problème: je feuillette mentalement un album d'images définitives, constitué dès la première projection. D'où vient, concernant Chris Marker, cet oubli retors? Y aurait-il, chez tout spectateur de ses films, une secrète conspiration de l'oubli, conforme au mythe de la naissance raconté dans *Level Five*? Nous sortirions d'un film de Chris Marker comme du ventre de notre mère, plein de toute la connaissance, et c'est un ange bizarre qui viendrait, d'une petite tape, nous faire perdre la mémoire?

Plus grave: je m'aperçois que la danseuse dont je crois me souvenir à sa fleur – mais est-ce une fleur? – piquée dans les cheveux provient non pas du film, mais d'une photo que j'ai conservée: la danseuse de cette «fête de quartier» japonaise, qui fait l'une des séquences d'ouverture de *Sans soleil*, y figure en gros plan, avec un admirable mouvement croisé des mains à hauteur du visage, mouvement terminant cette danse piétinée et lancinante, dont l'invariable mouvement, lui, tient encore au film et à l'excitation dont j'ai parlé. Dans ma mémoire, la photo a donc parlé pour tout le film, véritable réduction métonymique de l'expérience du temps à l'œuvre en lui. L'ironie n'est qu'apparente: il n' y a après tout pas de contradiction entre se souvenir d'un film par une photo tirée de lui, et se souvenir tout court, s'il est vrai, comme le dit Chris Marker dans *Sans soleil*, que les images se «substituent» à notre mémoire, ou encore, citant Georges Steiner en exergue du *Tombeau d'Alexandre*, que «ce n'est pas le passé qui nous domine, mais les images du passé».

Marker, cinéaste du dimanche

Oublions un instant le mouvement propre des corps qui s'y déplacent: nous voyons bien, alors, que les images des films de Chris Marker ne sont pas des images de cinéma, ce qu'on appelle communément des plans. Si tout *Sans soleil* se résume pour moi à une seule photo, c'est peut-être que ce cinéma tient ontologiquement à elle, comme la bande dessinée tient au dessin. La vertu de l'image fixe serait ici première. Tout comme sont premières les images du «temps de paix»: paysage, chambre, visage d'enfant, oiseaux, chats, tombeaux, qui traversent la conscience du Survivant de *La Jetée*. Le mouvement, dans les films de Chris Marker, est toujours marqué par la fascination d'une immobilité bienheureuse, sorte de dimanche de l'humanité, où se dessine clairement la ligne de ma chance. Arrêtons-nous un instant, regardons comme le temps, soudain, fait tableau, et disons-nous que c'est là que nous sommes nés: «Dans ce décor plein d'une grandeur morte, dans les allées de ce Versailles mongol, on peut se poser bien des questions sur le passé et sur l'avenir. Mais moi qui prends ces images, et qui les respire, et qui les écoute, je me demande seulement, à la fin de ce dimanche à Pékin, si la Chine elle-même n'est pas le Dimanche de la terre.[1]»

Luxe, calme, volupté... Or ce mouvement immobile – ou plutôt immobilisé – est aussi dangereusement hanté par son terme: la mort. Mise en scène et mise à mort riment aussi délicieusement ensemble. Il faudrait décrire le mouvement cadré qui parcourt *Sans soleil* moins avec le lexique de la photographie qu' avec celui de la tauromachie: on sait que cadrer, c'est maintenir le contact avec le taureau, tout en le tenant à distance, et ce avant la passe finale et l'estocade. N'est-ce pas la pose même de la danseuse de *Sans soleil* qui m'invite à cette association? Ou le souvenir du mouvement que son corps imprime à ma conscience? De quelle mise à mort secrète m'entretient-elle, avec ce geste qui m'attire et me repousse? Je m'égare peut-être...

Chris Marker, *Sans soleil*, 1982

Chris Marker, *Description d'un combat*, 1960
(Carton d'invitation allemand / German invitation card)

Chris Marker, *Cuba si*, 1961

Leçon de cadrage... (Carte postale espagnole, 1961)
Framing lesson... (Spanish postcard, 1961)

La corrida de l'œil

J'ai parlé de ce qui me reste de *Sans soleil*, d'une certaine photo. Mais que faire de l'excitation sexuelle? En quoi peut-elle garantir un souvenir? Faut-il que cette excitation, le geste de la danseuse, le thème du regard et de la mort aient à ce point partie liée? Au point où j'en suis de mon enquête, il me faut aller au bout de ce rien dont je suis parti: ce geste des deux mains, visible sur la photo, mais qui dans le film se rapporte au corps tout entier. La danse de cette fête de quartier est une danse traditionnelle, ou plutôt une marche: les femmes y avancent en rang sur un rythme de percussion saccadé et monotone, avec un temps d'arrêt marqué par les pieds alors que les mains en accentuent la station impatiente, par leur balancement alterné. Je revois *Sans soleil* et m'aperçois que la danseuse de Tokyo ne me dit rien de plus que l'excitation sexuelle qui en était la trace: elle égrène à petits pas le chapelet de la jouissance, en rencondui[t] indéfiniment le paroxysme et désole à chaque instant ma possibilité d'en fixer une image. Mon amnésie n'était que l'envers de cette jouissance: la danseuse n'est rien d'autre que ce leurre qui est le thème du regard, ses mains ne sont rien d'autre que l'écran où ma pulsion vient mourir.

Regard des femmes

Je comprends mieux maintenant chez Chris Marker l'obsession du regard caméra en général, et du regard des femmes en particulier. Ligne de regard des femmes russes comparée à une «ligne de vie» dans *Si j'avais quatre dromadaires*, hommage à «la façon cubaine de regarder dans l'objectif» dans *Cuba si*, regard quémandé sur un marché de

Guinée-Bissau et obtenu un vingt-quatrième de seconde dans *Sans soleil*, regard-caméra de Laura enfin, érigé à la dimension d'un véritable regard-écran dans *Level Five*... j'en passe. Quand Chris Marker filme un regard, c'est au fond toujours celui de la Gorgone qu'il invoque: le regard qui fixe et qui stupéfie, le regard d'amour qui donne la mort, ou plutôt qui permet de la traverser. La caméra de Chris tient du gri-gri prophylactique. Car si le geste, par la vertu du cinéma, s'ajoute au regard, simplement photographié, c'est aussi pour déjouer la dévoration du mauvais œil. Le geste arrêté de la danseuse de Tokyo, cette coupe mobile dans le mouvement, vient figer et apaiser mon appétit scopique: il s'agirait de tenir le phallus, auquel s'est substitué le regard, à bonne distance, d'en retourner la toute-puissance, de la fixer sur un leurre. Qui sait si le voir n'est pas au prix de cette perte sans cesse renégociée?

Pour le phallus
demandez le bureau des objets perdus

Du phallus, je découvre qu'il est précisément question dans *Sans soleil*: après avoir filmé les trésors du Vatican, Chris Marker passe à l'exposition des idoles du sacré japonais dans l'île d'Hokkaïdo. Comme pour les chats de porcelaine qui pullulent en leur temple, celui de la déesse de la fécondité est remplie de phallus en petits et grands modèles, dans une stylisation innocente et réaliste, qui fait dire à Chris Marker, par la bouche de sa narratrice, qu' «un sexe n'est visible qu'à condition d'être séparé d'un corps». Perte fondatrice... Tout aussi innocente, l'enquête sur les programmes érotiques de la télévision japonaise montrent qu'à l'endroit du sexe féminin, celui-ci sera visible, non en étant exhibé, mais au contraire caché, par le hors-champ, ou la rustine providentielle qui vient s'incruster sur l'écran. Ce temps d'exhibition et ce temps d'occultation, ces deux temps dont joue la danse piétinée de la ballerine de Tokyo sont aussi les deux temps du bonheur de voir selon Chris Marker.

La momie en ses bobines

Mieux. Ce seraient aussi les deux moments de l'ontologie de l'image cinématographique, sans cesse opposés dans une sorte d'affrontement critique: moment de l'image photographique qui «embaume» le temps, et «le soustrait seulement à sa propre corruption», moment de l'image cinématographique qui, en retenant l'image des choses saisit aussi leur durée et est «comme la momie du changement». Ontologie tragique si l'on en croit André Bazin, puisqu'elle célèbre «le temps deux fois perdu», perdu à la fois de fuir en sa course sur l'écran, et d'être retrouvé en son extériorité, sous la forme de la bobine tutélaire qui déroulera indéfiniment la célébration d'un présent filmé il y a si longtemps déjà... Mais Chris Marker ne se laisse pas intimider par le dévidement infernal du fuseau de la Parque cinématographique. Il casse le fil du temps, fait échec à la mort. Et c'est sans doute pourquoi beaucoup de ses films, et pas les moindres, sont des photo-montages (citons au moins *La Jetée* et *Si j'avais quatre dromadaires*). On pourrait parler de ces photographies comme d'une suite de gestes, que son cinéma animé nous proposerait de retrouver en les arrachant à la durée: gestes arrêtés, effroyables ou délicieux, que sont la mort d'une girafe, la présentation de mode, le poing tendu ou le bouquet de napalm.

Ces images extatiques ne miment-elles pas la fin de l'Histoire? Ou bien au contraire ne sont-elles pas les prémices du monde à venir? Préventivement, Chris Marker embaumerait le Temps pour que celui-ci puisse, le comprenant déjà, traverser le Futur. L'ontologie tragique de l'image cinématographique, Chris Marker la creuse, l'évide, l'emplit d'utopie, semant dans sa course tous ces blasons du bonheur ou du malheur de vivre qui relient notre généalogie intime à celle du monde. C'est peut-être là son projet le plus fou: nous faire hériter d'une mémoire de l'avenir, à l'échelle planétaire...

Le fond du tableau

On pourrait relire le parcours fleuve du *Fond de l'air est rouge* à la lumière de tous ces gestes et de tous ces arrêts, de tout ce mouvement de houle qui parcourt l'histoire de la gauche révolutionnaire, et qui cherche à trouver la fixité colorée et vivante de l'image d'Épinal. Ainsi, l'une des plus belles séquences du film décrit-elle successivement l'écrasement du printemps de Prague par les chars soviétiques, sa justification par Fidel Castro au nom de la solidarité du camp socialiste, et la résistance passive du peuple tchèque qui, à l'annonce du suicide de Ian Palach, se fige pour une minute de silence, opposant au sens de l'Histoire, le non sens de son inertie[2]. Ces images muettes, immobiles, qui montrent les passants, les bus, les autos soudainement complices pour un court instant d'image fixe, démentent l'idéologie même de la gauche qui se veut dialectique et mouvement: or la gauche n'est jamais si grande que dans ses arrêts, lorsque, horrifiée, elle se retourne sur ses crimes. De même, le montage selon Marker: jamais si grand lorsque, quittant sa valse mélancolique, il fait mine de marquer le pas, résolvant en un moment d'«explosante fixe» les contradictions, dans l'extase d'une image arrêtée.

Dialogue du cache-sexe et de l'œilleton

Des gestes de la danseuse de Tokyo à l'action du chef charismatique en tribune, de l'extase sexuelle à l'extase politique, il y aurait donc solution de continuité. Je ne m'arrêterais pas sur sur cette autre séquence du *Fond de l'air est rouge* où Fidel Castro, qui avait «le génie des grands acteurs, de transformer l'accidentel en légendaire», est montré caressant les micros de son pupitre pour ponctuer chacun de ses discours, métaphore phallique s'il en fut, et dont la figure inverse et funeste se trouverait au début du *Tombeau d'Alexandre*, où un maréchal emplumé fait signe à quelqu'un dans la foule d'ôter son chapeau au moment où le Tsar passe: dans les ruses de Chris Marker avec la toute-puissance se niche quelque obscure angoisse de castration. Que ce soit devant le Roi comme devant la Femme, il s'agit chez lui de ne pas se découvrir: on sait que la connaissance de l'Absolu est à ce prix. Au fond, dans ce cinéma du cadre qu'est celui de Chris Marker, le cache est de rigueur: non pas au sens où l'entendait Bazin, le cache définissant, en négatif, cette portion du monde se trouvant en dehors de l'œilleton de la caméra, plus vaste par définition, mais au sens positif où il y a toujours dans chaque image de Chris Marker à soutenir du cache à l'intérieur du cadre. Tout se passe au centre de l'image: même dans cette image d'archive où le dignitaire de la Cour désigne le peuple sujet, hors champ: on sait que le renversement de l'histoire fera de ce militaire un futur supplicié, que son geste de toute puissance annonce la puissance en retour qui l'écrasera. Tout geste, d'une certaine manière, nous regarde et nous revient: me voilà à nouveau devant la photo de la petite danseuse, au mouvement croisé de ses mains, à la fleur – est-ce une fleur ce fuseau étrange, pistil recouvert de longues soies rose, sexe hérissé et désirable? – piquée dans ses cheveux.

Où l'auteur fait une découverte considérable

À bien la regarder cette photo, je m'aperçois qu'un détail essentiel m'avait échappé: là, dans une diagonale entre le point d'intersection des deux mains et l'axe de la fleur, j'entrevois l'œil droit de la danseuse, le noir de l'iris: un malaise puis une certitude. La danseuse louche. Pas de quoi renverser une interprétation. Mais ce strabisme m'en rappelle un autre: celui, célèbre, dont un certain Yakoute est «affligé». Curieux comme cette difformité fait pour moi l'effet d'une scène primitive, d'autant plus prégnante que je n'ai jamais vu *Lettre de Sibérie*, où ce Yakoute pourtant a fait son entrée dans l'histoire du cinéma. Voici cette séquence, telle que Chris Marker l'a transcrite dans ses *Commentaires*: «en enregistrant aussi objectivement que possible ces images de la capitale yakoute, je me demandais franchement à qui elles feraient plaisir, puisqu'il est bien entendu que l'on ne saurait traiter de l'URSS qu'en termes d'enfer ou de paradis.[3]»

Suit la démonstration:

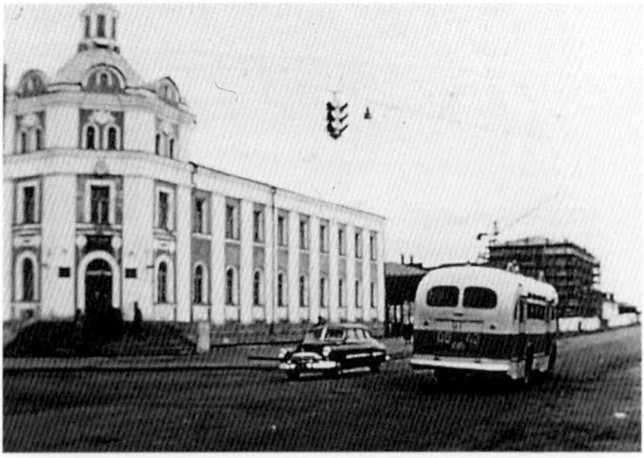

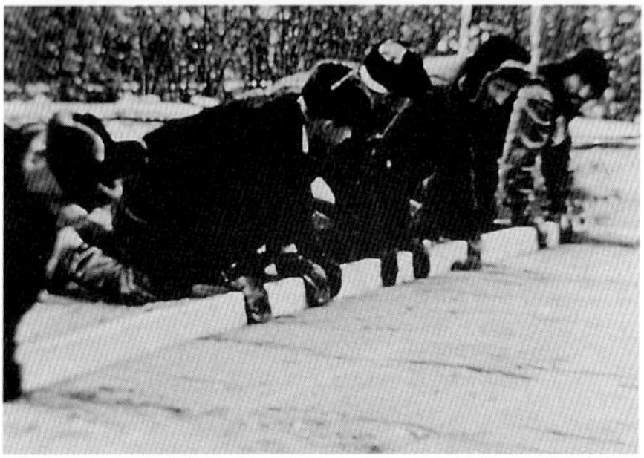

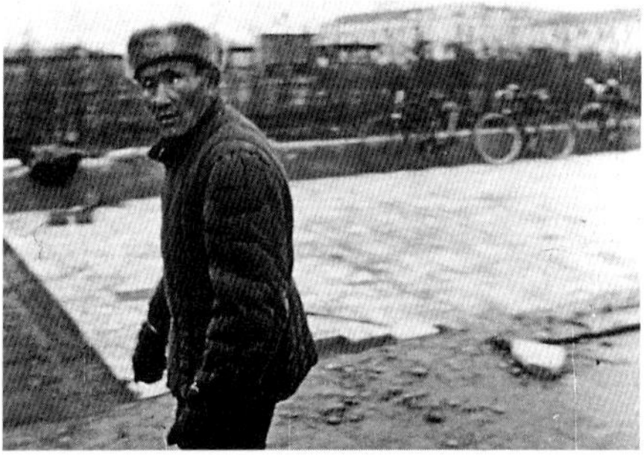

Par exemple :

Iakoutsk, capitale de la République socialiste soviétique de Yakoutie, est une ville moderne, où les confortables autobus mis à la disposition de la population croisent sans cesse les puissantes Zym, triomphe de l'automobile soviétique. Dans la joyeuse émulation du travail socialiste, les heureux ouvriers soviétiques, parmi lesquels nous voyons passer un pittoresque représentant des contrées boréales, s'appliquent à faire de la Yakoutie un pays où il fait bon vivre !

Ou bien :

Iakoutsk, à la sinistre réputation, est une ville sombre, où tandis que la population s'entasse péniblement dans des autobus rouge sang, les puissants du régime affichent insolemment le luxe de leurs Zym, d'ailleurs coûteuses et inconfortables. Dans la posture des esclaves, les malheureux ouvriers soviétiques, parmi lesquels nous voyons passer un inquiétant asiate, s'appliquent à un travail bien symbolique : le nivellement par le bas !

Ou simplement :

A Iakoutsk, où les maisons modernes gagnent petit à petit sur les vieux cartiers sombres, un autobus moins bondé que ceux de Paris aux heures d'affluence, croise une Zym, excellente voiture que sa rareté réserve aux services publics. Avec courage et lucidité, et dans des conditions très dures, les ouvriers soviétiques, parmi lesquels nous voyons passer un Yakoute affligé de strabisme, s'appliquent à embellir leur ville, qui en a besoin...

Le commentaire, ici, consiste à envoyer sur la même séquence d'images «trois faisceaux intellectuels et en recevoir l'écho», selon l'élégante formule de Bazin. Et au finale, il n'est pas sûr que ce soit l'idéologie qui sorte perdante de ce feu croisé: «ce dont Chris Marker vient d'administrer implicitement la démonstration, c'est que l'objectivité est plus fausse encore que les deux points de vue partisans.[4]» Chris Marker le signale lui-même dans la suite de son commentaire: «l'objectivité non plus n'est pas juste. Elle ne déforme pas la réalité sibérienne, mais elle l'arrête, le temps d'un jugement, et par là elle la déforme quand même. Ce qui compte c'est l'élan, et la diversité.» Le Yakoute qui traverse le champ, que je marie à la ballerine loucheuse de *Sans soleil* n'ont-ils pas pour mission implicite de nous renvoyer le faisceau de la parole? On ne sait pas dans quel œil regarder quelqu'un qui louche: on l'écoute d'autant mieux. Aussi, si toute image de Chris Marker nous regarde, peut-être le fait-elle sans se départir de ce strabsime divergent, qui nous donnerait la capacité à sortir de son pouvoir.

Portrait de l'artiste en Yakoute

Nous défaire du pouvoir des images, de celui de toutes les propagandes, n'est possible que lorsque la ligne du regard est affectée d'un défaut. Chris Marker nous l'indique lui-même par la seule photo de lui qui circule, toujours la même, reprise tout au long des années soixante, et qui figure sur la quatrième de couverture de ses *Commentaires*: sur fond noir, les mains agrippées à son Rolleiflex, Marker cadre, un œil ouvert, l'autre masqué par le viseur de l'appareil, qui comporte deux objectifs. Voici l'homme, avec un œil de chair, et deux yeux machine, et dont l'axe n'est pas tout-à-fait parallèle... Caché, masqué, Marker nous renvoie un regard qui n'est pas tout à fait – c'est le cas de le dire – objectif: cet autoportrait nous rappelle que l'origine de toute image est double, résultat à la fois d'une visée humaine et d'une fabrication technique. Elle est, de plus – affirmation résolument égotiste – spéculaire: Chris Marker s'est sans doute photographié lui-même dans un miroir, si j'en crois l'inversion des lettres de la marque «Rolleiflex» (non, ce n'est pas du cyrillique...) et la visée atypique de l'œil gauche. Au fond, le «Yakoute affligé de strabisme», c'est Marker lui-même...

Quand l'oreille louche sur l'œil

Cette loucherie généralisée du monde scopique de Chris Marker est bien un démenti apporté à la toute puissance de l'image: ce n'est pas un hasard si ce strabisme, mentionné dans la version dite objective de la présentation de Iakoutsk, est la pointe ironique où se retourne toute la démonstration du commentaire: ce sur quoi louche le Yakoute de *Lettre de Sibérie*, c'est sur la parole, qui occupe les abords du cadre. Et ce sur quoi louche à son tour le commentaire, c'est sur ce grain de réalité, tel quel, insurpassable et monstrueux, qui rend fantastique le plan le plus banal d'un piéton traversant une rue, et qui transforme en cinéma ce qui ne se voulait que plate objectivité.

Ce strabisme divergent de l'image et de la parole, où c'est finalement la parole qui joue le rôle d'attestation arbitraire de la réalité, André Bazin l'avait admirablement pressenti dans son texte sur *Lettre de Sibérie*. Il vaut la peine de le citer longuement:

«Généralement, c'est l'image l'élément proprement cinématographique, qui constitue la matière première du film. L'orientation est donnée par le choix et par le montage, le texte achevant d'organiser le sens ainsi conféré au document. Chez Chris Marker, il en va tout autrement. Je dirai que la matière première, c'est l'intelligence, son expression immédiate, la parole, et que l'image n'intervient qu'en troisième position en référence à cette intelligence verbale. Le processus est inversé. Je risquerai une autre métaphore: Chris Marker apporte dans ses films une notion absolument neuve du montage que j'appellerai horizontal, par opposition au montage traditionnel qui se joue dans le sens de la longueur de la pellicule par la relation de plan à plan. Ici, l'image ne renvoie pas à ce qui la précède ou à ce qui la suit, mais latéralement en quelque sorte à ce qui en est dit». Et suit cette trouvaille: «l'élément primordial est la beauté sonore et c'est d'elle que l'esprit doit sauter à l'image. Le montage se fait de l'oreille à l'œil.[5]»

Bonheur = rhétorique

Ce saut de l'oreille à l'œil fait le style inimitable de Chris Marker: non seulement le cinéaste utilise toutes les possibilités rhétoriques que lui permet le commentaire dirigeant (ironie, antiphrase, hyperbole, litote, personnification...), mais il travaille à creuser, par l'image, des écarts, dans l'immensité de l'espace et du temps, que la parole vient suturer, ne s'autorisant que d'elle même. C'est ici qu'entre en scène la figure maîtresse de Chris Marker, cet art du *rapprochement*, qui est chez lui un veritable tic d'imagination et de pensée. Tout se passe comme si le temps de chacun de ses films lui servait à condenser l'expérience d'un voyage dans une histoire et une géographie dont il ne considérerait que les pôles extrêmes, et dont il serait, lui narrateur, l'élément invariant.

Degré zéro du rapprochement, la simple énumération de lieux séparés géographiquement, rendus contemporains par la magie du commentaire. Dans *Si j'avais quatre dromadaires*, la voix du photographe déclare: «– Et puis je ne sais pas, ce sentiment de rassembler le monde, de le réconcilier, de mettre tous les fuseaux horaires à plat... ça doit faire partie de la nostalgie de l'Eden: qu'il soit partout la même heure. Moi, je ne résiste pas à ce genre de films qui vous promène d'une aube à l'autre en disant des trucs comme: – Il est six heures sur toute la terre, six heures sur le canal Saint-Martin, six heures sur le Göta Canal en Suède... [la fin du texte s'enchaîne avec une autre voix, celle de Pierre Vaneck]. Il est six heures sur toute la terre. Six heures sur le canal Saint-Martin. Six heures sur le Göta Canal en Suède. Six heures sur la Havane. Six heures sur la cité interdite de Pékin. Le jour se lève...»

Eden /Apocalypse

Fusion du temps, écartèlement des lieux, jouissance de l'identité: la fascination de Chris Marker pour les rapprochements procède d'un vœu de simultanéité, qu'il dit lui-même édenique. Parfois l'Eden s'incarne et devient l'invariant auquel tout est rapporté. C'est le cas dans la très belle excursion finale de *Cuba si*: «Telle était la Havane en 1961: mitrailleuses sur les toits et conga dans la rue. Dans le reste du monde, la vie suivait son cours normal. De quoi parlait-on dans le monde à cette époque? De gens, de pays, d'animaux fabuleux, de l'Algérie, de la France, de l'Amérique, de l'espace, du temps, du Congo, du Laos, de l'Afrique, et des formes qu'y prendraient, dans la deuxième moitié de ce siècle, la violence et la prière. On écrivait aussi l'Apocalypse, c'était le livre le plus cher du monde. C'est alors qu'on s'est mis à parler dans le monde, également, de Cuba.» La succession de ces pays dont on parle n'est pas faite de termes identiques: pays impérialistes sont opposés à ceux qui luttent pour leur indépendance, en passant par la mention de l'espace et du temps, qui prépare l'universalisation par «la violence et la prière», cet esprit du monde auquel l'histoire de Cuba est rapportée, écrivant en lettres de chair le livre de l'Apocalypse moderne. Le rapprochement, ici, n'est qu'esquissé, résultat d'une dialectique entre l'image et le texte où boxe, corrida, rock'n roll sont ajoutés aux images d'une bible copiée et enluminée à la main. Construction patiente d'une métaphore où l'éclatement des lieux est comme subsumé par l'Événement absolu, la révolution cubaine transportant l'Eden dans le temps de l'histoire.

Où l'on découvre que Giraudoux n'est pas le modèle de Chris Marker

Ce thème de l'histoire déchirée et la rhétorique du rapprochement qui lui est proportionnée fait de l'auteur de *Sans soleil* un pur romantique: de Port-Royal à Chris Marker, il y a une continuité qui passe par Racine, Chateaubriand et Claudel, et d'une manière générale par cette tension eschatologique du style, qui marque la catholicisme littéraire. Chateaubriand, sans doute, est le frère de plume le plus proche du cinéaste. Il me suffira de citer ce seul exemple, et l'on reconnaîtra ce simultanéïsme foisonnant où communient les deux auteurs. Chateaubriand est en route pour Hradschin, où Charles X est en exil. Il s'arrête à Waldmünchen, où il contemple une petite église de campagne: «La date de l'érection de ce sanctuaire, 1830, était écrite sur l'architrave: on renversait une monarchie à Paris et l'on construisait une chapelle à Waldmünchen. Les trois générations bannies devaient venir habiter un exil à cinquante lieu du nouvel asile élevé au roi crucifié. Des millions d'événements s'accomplissent à la fois: que fait au noir endormi sous un palmier, au bord du Niger, le blanc qui tombe au même instant sous le poignard au rivage du Tibre? Que fait celui qui pleure en Asie, celui qui rit en Europe? Que faisait au maçon bavarois qui bâtissait cette chapelle, au prêtre bavarois qui exaltait le Christ en 1830, le démolisseur de Saint-Germain l'Auxerrois, l'abatteur de croix en 1830? Les événements ne comptent que pour ceux qui en pâtissent ou qui en profitent; ils ne sont rien pour ceux qui les ignorent, ou qu'ils n'atteignent pas.[6]» Il y a là une petite musique dont on retrouve l'air dès les premiers mètres de *Lettre de Sibérie*.

Fraternité

Mais – et la nuance est de taille –, là où Chateaubriand voit dans le cours de l'Histoire un mouvement d'éclatement et de sécession, Chris Marker entrevoit la promesse d'une fraternité universelle entre les êtres – animaux y compris. Marker serait un Chateaubriand heureux, qui n'aurait pas renoncé à son enfance, à son amour de Jules Verne, à son goût de la bande dessinée, ou à sa collection de cartes postales. Mieux: ce serait un enfant parti véri-

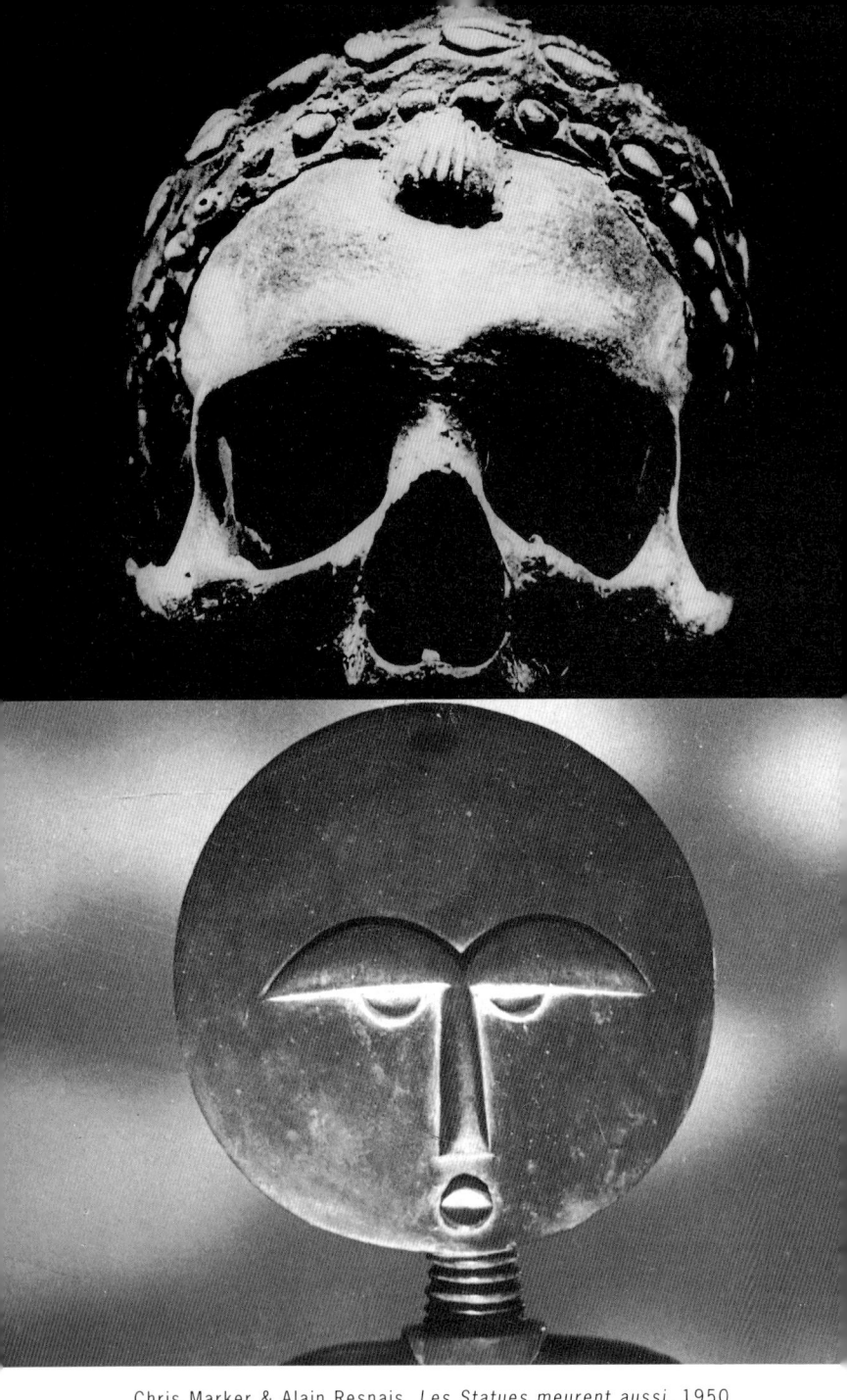

Chris Marker & Alain Resnais, *Les Statues meurent aussi*, 1950

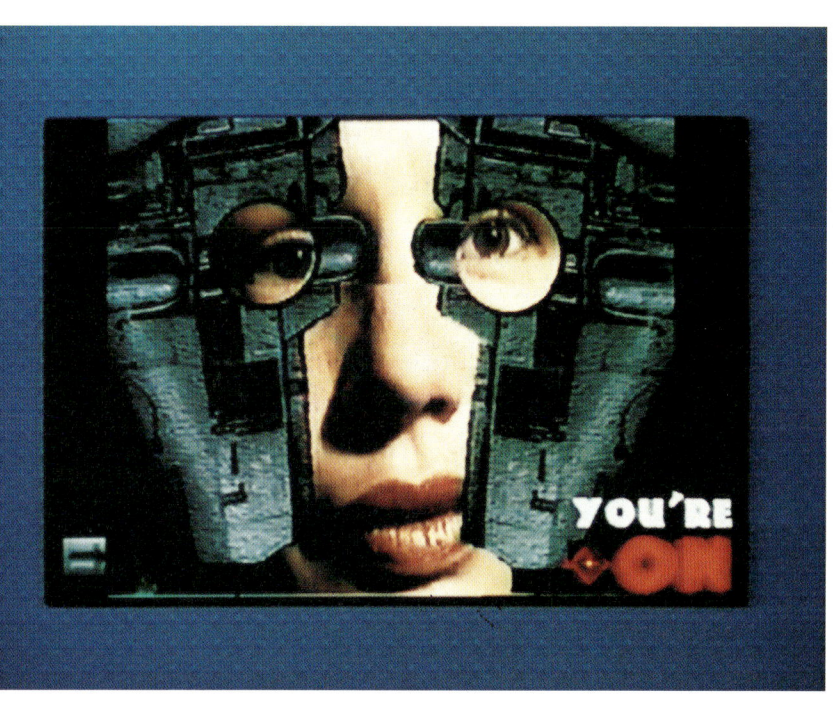

Chris Marker, *Level Five*, 1996

fier son rêve, et qui n'en reviendrait pas déçu. Du reste, c'est cette part d'enfance que toujours chez lui on minimise. Sans doute sa meilleure part: la plus redoutable pour le critique, trop attaché à faire taire la voix du désir, imprévisible. N'est-ce pas la photographie de la petite danseuse de Tokyo qui me renvoie cette «racine d'indestructibilité», dont parle le narrateur de *Sans soleil* et que posséderaient en commun la femme et l'enfant. Dans ce cliché, romantique et éculé, je vois la plus grande liberté, l'affirmation sainte et souveraine d'un poète qui se moque du cynisme des Temps. Ces Temps-là, comme on dit, ils courent. Marker, lui, demeure, bienheureux et inactuel.

Où l'auteur s'aperçoit qu'il s'est perdu en chemin

L'édition récente de *Sans soleil* en cassette vidéo me permet de revoir le film, de m'y arrêter une nouvelle fois. Ce n'est pas sans stupeur que je revisionne la première demi-heure: j'y retrouve la fête de quartier, le ballet traditionnel, le mouvement qui m'avait transporté il y a quinze ans. J'y retrouve la danseuse folklorique coiffée d'un chapeau de paille, dont fut tirée l'affiche du film et qui ne m'intéresse pas – trop littérale. J'y retrouve tout ce que j'avais aimé, sauf la danseuse adorable au regard louche et à la fleur galvanique... Y aurait-il, comme pour Orphée se retournant après qu'il a quitté l'obscurité des enfers, malédiction à revoir en pleine lumière les films chéris? Il me faut chercher longtemps, pour retrouver la petite danseuse dans un autre quartier de Tokyo, et dans une démonstration de rock d'un autre temps. Chris Marker déclare ici: «Pour les TakEnoko, vingt ans est l'âge de la retraite. Ce sont des bébés martiens. Je vais les voir danser tous les dimanches au parc de Shinjuku. Ils cherchent à se faire remarquer. Et ils n'ont pas l'air de remarquer qu'on les remarque. Ils sont dans un temps parallèle. Une paroi d'aquarium invisible les sépare de la foule qu'ils attirent. Je peux passer un après-midi à contempler la petite TakEnoko qui apprend sans doute pour la première fois, les usages de sa planète.» Dans la petite planète de Chris Marker, une danseuse peut en cacher une autre, un souvenir peut recouvrir un autre souvenir, comme si le glissement du temps s'y faisait sur des lignes parallèles. Mais c'est en même temps *tel* visage qui m'a, ici et là, fait signe: que j'aie perdu le chemin pour le retrouver montre assez bien que c'est lui, et pas un autre, que j'avais élu. Ici, jamais, une image ne vaut pour une autre, même si tout commence dans le labyrinthe des ressemblances.

La Femme-écran

Ma méprise m'apparaît révélatrice d'un rapport au fantasme auquel le spectateur de Chris Marker doit sacrifier: la femme y est fantôme, elle mène irrésistiblement aux caves et aux greniers des châteaux de l'enfance. J'ai fait banalement l'expérience de cette femme-écran qui hante tout le cinéma de Marker, et dont le modèle se trouverait dans *Vertigo*, son film fétiche. En lisant le texte que l'auteur de *La Jetée* a consacré au chef-d'œuvre initiatique d'Hitchcock, on comprend combien cette figure des deux femmes superposées joue un rôle double de «clef et serrure» dans un imaginaire où le mythe de la mémoire est fondamentalement mythe sexué: «l'idée de revivre un amour perdu touche n'importe quel cœur humain, quoi qu'il en dise ou laisse paraître. «You're my second chance!» crie Scottie traînant Judy dans l'escalier de la tour. Personne ici n'a plus envie de prendre ces mots au sens premier du vertige surmonté: il s'agit bien de retrouver un moment englouti dans le passé, de le ramener à la vie – mais pour le perdre à nouveau. On ne ressuscite pas les morts, on ne dévisage pas Eurydice. Scottie aura reçu le plus grand bonheur qu'un homme puisse imaginer, une deuxième vie, en échange de son plus grand malheur, une deuxième mort. Qu'est-ce que nous proposent les jeux vidéo, qui en disent plus sur nos inconscients que les œuvres complètes de Lacan?[7]» Dans ces quelques lignes, écrites en 1994, se trouve déjà tout le scénario de *Level Five*, qui réunit en un même geste le mythe romantique du double féminin et sa traduction cybernétique dans la transcommunication instrumentale avec l'au-delà. Mais cet au-delà est toujours du déjà-là: Chris Marker n'est pas un auteur de science-fiction. L'anticipation ne lui sert qu'à explorer ces zones virtuelles de la mémoire que le coup de dé d'une nouvelle «partie» permettra d'actualiser.

L'aura de Laura

Level Five porte à leur sommet les contradictions qui traversent l'univers de Marker. Le femme y est, pour la première fois, *à l'écran*, le partenaire érotique et métaphysique de l'enquête, et en même temps elle y est plus inquiétante que le fantôme: c'est une revenante. L'incarnation de l'image en femme est ici trompeuse. Car c'est dans le miroir affronté d'une double absence qu'est construit *Level Five*: le narrateur, Chris Marker, est parti pour un long voyage tandis que Laura, son égérie-muse (Catherine Belkhodja), poursuit l'enquête que celui-ci lui a laissée, mais dans un temps qui est déjà celui de la réminiscence. La progression dans les étapes du jeu vidéo consacré au massacre d'Okinawa s'écrit comme une lettre censée être ouverte après la disparition de Laura: comme s'il fallait pour se souvenir que l'un fût mort quand l'autre est vivant. C'est donc un dialogue d'outre-tombe qui s'instaure ici, et chacun y fait l'expérience de la perte de l'autre. Cette présence en creux des personnages, qui est une constante phénoménologique de l'univers de Chris Marker, se trouve subtilement mise en abyme par la référence que fait Laura au film éponyme d'Otto Preminger, autre grand chef-d'œuvre de la mort programmée, jumeau ténébreux de *Vertigo*.

L'allusion, qui procède de la figure de l'emboîtement, vaut ici plus qu'un clin d'œil au spectateur cinéphile. *Laura*, c'est la mémoire, élevée au rang de personnage mythique. Souvenons-nous du personnage interprété par la diaphane Gene Tierney dans le film de Preminger: tenue pour morte, Laura reparaît lors d'un faux rêve dans l'espace ouvert par la promenade fiévreuse d'un enquêteur épris d'elle alors qu'il ne l'a jamais rencontrée. Ce rêve et cette voix parlant dans les ténèbres ont trouvé place dans *Level Five*, mais l'énigme qu'ils signalent et tentent de résoudre dépasse le cadre d'une destinée individuelle. C'est du destin de tout un peuple et, à travers lui, de l'humanité occidentale qu'il s'agit. Au fond, avec *Level Five*, la femme-écran de Chris Marker incarne tous les pouvoirs de l'image pour mieux les mettre à l'épreuve de la parole, parole échangée où s'écrit la plus belle des lettres d'amour. Dans ce vis-à-vis, j'ai peut-être trouvé la parade secrète contre l'oubli, et déjoué la puissance d'intimidation qu'exerce sur moi le cinéma masqué de Chris Marker.

Arc de triomphe sur fausse-piste

Je ne sais pas si Laura m'aidera à mieux me souvenir des films de Chris Marker. Mais je sais qu'en tout cas, par sa présence et sa beauté sans fard, libre du geste qui conjure la violence de mon regard et par là même l'apaise, je sais qu'elle m'a appris à ne pas accorder plus d'importance aux images qu'à celui ou celle qui me les montre. Hors visage, les images sont sans doute des mirages. Et les images des films de Marker seraient finalement comme ces statues déposées sur la route des Tombeaux dans *Dimanche à Pékin*, comme ces «bestiaux rangés deux par deux, posés là pour guider le voyageur, sans erreur possible, vers l'endroit précis où les empereurs Ming *ne sont pas* enterrés.»

Chris Marker ajoutait à la fin de son commentaire: «Arc de triomphe sur fausse piste, ce pourrait être le blason de la Chine».

Au terme de mon enquête, je me demande si ce ne pourrait être aussi le sien.

Notes

1. Fin du commentaire de *Dimanche à Pékin*.
2. Ces images sont extraites de *Ian Palach* (1969), premier film d'un autre photographe-cinéaste: Raymond Depardon.
3. Commentaire de *Lettre de Sibérie*, in *Commentaires*, Editions du Seuil, 1961, p. 61-63.
4. André Bazin, *Le Cinéma français de la Libération à la Nouvelle Vague (1945-1958)*, Cahiers du Cinéma-Editions de l'Etoile, 1983, p. 177.
5. André Bazin, *op. cit.*
6. *Mémoires d'outre-tombe*, Bibliothèque de la Pléiade, 1948, Tome II, p. 650.
7. «A free replay (notes sur *Vertigo*)», in *Positif*, n° 400, juin 1994, p. 84.

Chris Marker, *Dimanche à Pékin*, 1956

Chris Marker, *Sans soleil*, 1982

A Yakut Afflicted with Strabismus
by Laurent Roth

"All I can offer is myself."
Chris Marker

In Which the Author Has Forgotten Everything

I have some difficulty remembering Chris Marker's films: what remains is the rapture, without image. Let's take it from the top. I was twenty when *Sans soleil* was released. I saw it, I believe, at the Studio de l'Epée de Bois. I can still feel that comatose impression of the passage from the theater to the street, flooded with sunlight. And if I had to recall the film today, I could only speak of the flower stuck in the dancer's hair, and of a certain condition of sexual excitement. This state of amnesia is durably disturbing: I should like to speak of memory's greatest filmmaker and I realize that his images are not inscribed in me, as they always are in the case of *real* cinema. For Bresson, Renoir, Godard, or Griffith, filmmakers of the *motion* picture in which framing is always subject to time's duration, no problem: I mentally leaf through an album of images, definitively constituted at first viewing. Whence, in regard to Marker, this intriguing oblivion? Are all the spectators of his films involved in some secret conspiracy to forget, in accordance with the myth of birth recounted in *Level Five*? Do we emerge from a Chris Marker film as from our mother's belly, filled with all knowledge, until a tap from some strange angel makes us lose our memories?

Graver still: I realize that the dancer whom I seem to remember for the flower – but is it really a flower? – sticking out of her hair comes not from the film but from a photo I had set aside, a close-up from one of the opening sequences of *Sans soleil*: a dancer in a street festival in Japan, with an admirable movement of crossing hands at face height, a movement that ends the tramping, throbbing dance, whose own invariable movement actually stems from the film and from the excitement I mentioned above. In my memory, then, that photo spoke for the whole film, a veritable metonymic reduction of the experience of time at work within it. But the irony is only appparent: in the end, there is no contradiction between remembering a film through a photo taken from it and remembering it *tout court*, if it is true, as Marker says in *Sans soleil*, that images "replace" our memory, or again, quoting George Steiner in the epigraph to *The Last Bolshevik*, that "it is not the past that dominates us, but images of the past."

Marker, a Sunday Filmmaker

Let us forget, for an instant, the specific movement of the bodies: we then see that the images of Chris Marker's films are not cinematic images, or motion pictures. If everything in *Sans soleil* is summed up for me by a single photo, it may be that this cinema derives ontologically from photography, as cartoons derive from drawing. The power of the fixed image would then be primordial. Like the images of "peacetime": the landscape, the bedroom, the child's face, the birds, the cats, and the tombs that wheel through the mind of the Survivor in *La Jetée*. Movement, in Chris Marker's films, is always marked by fascination with a blissful immobility, a kind of Sunday of life, in which the line of one's luck is distinctly drawn. Let us halt for an instant, let us look how time suddenly forms a tableau, and let us whisper to ourselves that here was the place of our birth: "In this decor full of deathly grandeur, in the pathways of this Mongol Versailles, one can ask so many questions about the past and the future still to come. But I who take these images, I who breathe and hear them, I only ask, at the end of this Sunday in Peking, if China itself is not the Sunday of the earth."[1]

"Luxe, calme et volupté..." But this immobile – or rather, immobilized – movement is also dangerously haunted by its term: death. To stage and to slay, the two words resonate so deliciously together. One would have to describe the framed movement running through *Sans soleil* not with the lexicon of photography but with that of tauromachy, where *cadrer*, to frame, means maintaining contact with the bull while holding it at a distance – and this, even before the final pass and the death thrust. Is it the very pose of the dancer in *Sans soleil* that invites me to this association? Or is it not the memory of movement that her body impresses on my mind? Of what secret slaughter does she speak, with that gesture both attractive and repellant? But perhaps I'm wandering...

Chris Marker, *Le Fond de l'air est rouge (A Grin Without a Cat)*, 1977

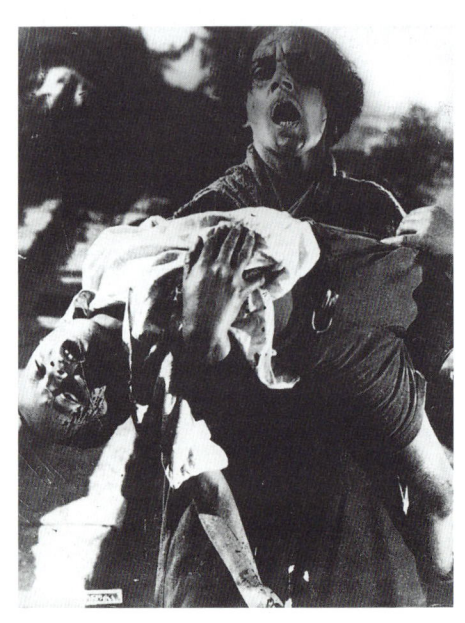

Eisenstein, *Potemkin*, 1925

40

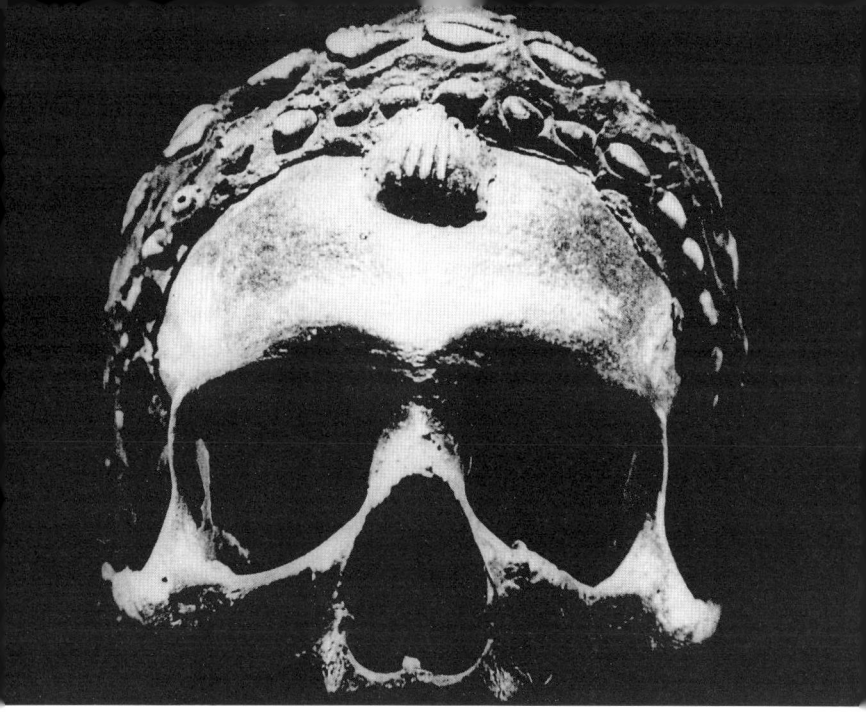

Chris Marker & Alain Resnais, *Les Statues meurent aussi*, 1950

The Bull Ring of the Eye

I have spoken of what I recall from *Sans soleil,* of a certain photo. But what to make of the sexual excitment? How can it guarantee a memory? Must this excitement, the dancer's gesture, and the theme of the gaze and death be so intimately intermingled? At this point in my inquiry, I must follow to the very end that next-to-nothing with which I began: that gesture of two hands, visible in the photo, but involving the body as a whole in the film. The dance of this street festival is a traditional dance, or rather, a march: the women advance in ranks to a staccato, monotone rhythm, with a stopped beat marked by the feet, while the hands accentuate the impatient halt by their alternate wavering. Seeing *Sans soleil* again, I realize that the Tokyo dancer speaks of nothing more than the sexual excitement that was her trace: with her short steps she tells the rosary of pleasure, bringing it ever back to climax and denying at each instant my possibility of fixing its image. My amnesia was only the flip side of this climax: the dancer is nothing but the lure that is the theme of the gaze, her hands are nothing but the screen against which my instinct strikes and dies.

Woman's Gaze

Now I begin to understand Chris Marker's obsession with the gaze into the camera in general, and with the gaze of women in particular. The straight-line gaze of Russian women, compared to a "life line" in *Si j'avais quatre dromadaires*; the homage to "the Cuban way of gazing into a camera" in *Cuba si*; the gaze begged at a marketplace in Guinea-Bissau, obtained at last for a twenty-fourth of a second in

Sans soleil; finally, Laura's gaze into the camera, raised to the level of a veritable *screen-gaze* in *Level Five* – and the list is not complete. When Chris Marker films a gaze, what he evokes, at bottom, is always the Gorgon's gaze: the look that stops and stupefies, the gaze of love that gathers death, or rather, that allows one to cross its door. Chris's camera is like a protective charm. For if cinema's particular power is to add the gesture to the simple photograph of the gaze, it also contrives to outwit the devouring evil eye. Like a mobile cut into movement, the arrested gesture of the Tokyo dancer is able to crystallize and satisfy my scopic instinct: it is a matter of holding the phallus (here replaced by the gaze) at the right distance, of deflecting its omnipotence, of fixing it onto a lure. Who can say that the price of vision is not this endlessly renegotiated loss?

Ask for the Phallus at the Lost and Found

I discover that it is precisely a question of the phallus in *Sans soleil*: after having filmed the treasures of the Vatican, Chris Marker shifts to the exhibition of sacred Japanese idols on the island of Hokkaido. Like the porcelaine cats that swarm in their haven, the temple of the goddess of fecundity is filled with small and large-size phalluses, innocently and realistically stylized, prompting Chris Marker to say in the voice of his female narrator that "a sex is only visible when it is separated from the body." A founding loss... Just as innocent, the investigation of erotic programs on Japanese television shows that at the place of the female sex, the latter will be visible, not through exhibition, but on the contrary, because it is hidden by the off-camera or by the providential patch keyed into the screen. This moment of exhibition and of occultation, these two moments on which the tramping movement of the Tokyo dancer plays, are also the two moments in the joy of sight according to Chris Marker.

The Mummy in His Reels

Better yet, these are also the two moments in the ontology of the cinematographic image, ceaselessly opposed to each other in a kind of critical confrontation: the moment of the photographic image that "embalms" time and "withdraws it only from its own corruption," and the moment of the cinematographic image, which, in retaining the image of things, also grasps their duration, "like the mummy of change." A tragic ontology, if we are to believe André Bazin: for it celebrates "time twice lost," at once in the flight of its course across the screen and because it is rediscovered in its exteriority, in the form of the tutelary reel that will infinitely unroll the celebration of a present filmed already so long ago... But Chris Marker does not let himself be intimidated by this infernal unwinding of the spool of cinematic Fate. He breaks the thread of time and stymies death. And this is no doubt why many of his films, and not the least among them, are photomontages (recall *La Jetée* and *Si j'avais quatre dromadaires*). One could speak of these photographs as a series of gestures, which his moving pictures invite us to rediscover by tearing them anew from the flow of time's duration: the arrested gestures, frightening and delicious, of the death of a giraffe, a fashion presentation, an outstretched fist, or a bouquet of napalm. Do these ecstatic images mimic the end of history? Or on the contrary, are they the seeds of a world to come? Chris Marker seems to embalm time, but preventively, only so that it can traverse a future which it already contains. The tragic ontology of the cinemtographic image is hollowed out, voided, filled with utopia; in his passage, Chris Marker sows all the blazons of life's joy or sorrow which link our intimate genealogy to that of the world. That may be his craziest project: to make us heirs to a memory of the future, on a global scale...

The Picture's Ground

The flood of events in *A Grin Without a Cat* could be reread in the light of all these gestures and halts, of this vast, wavelike movement coursing through the history of the revolutionary Left, in search of the colorful, vibrant fixity of a wood-block print. Thus one of the film's most beautiful sequences describes the crushing of Prague Spring by the Soviet tanks, its justification by Fidel Castro in the name of solidarity with the socialist camp, then the passive resistance of the Czech people who, at the news of Ian Palach's suicide, freeze for a moment of silence, countering the direction of history with the indirection of their inertia.[2] These mute, immobile scenes show passersby, buses, and autombiles suddenly complicit for a brief moment of fixed image. They belie even the ideology of the Left, based on dialectics, on movement: yet the Left is never so great as in its moments of stoppage, when, horrified, it looks back on its own crimes. The same can be said of Marker's editing: it is never so great as when, abandoning its melancholy waltz, it makes a show of marking time, resolving the contradictions in a moment of "fixed explosive," in the ecstacy of an arrested image.

Dialogue of the Eyepiece and the G-string

From the gestures of the Tokyo dancer to the action of the charismatic leader at the podium, from sexual to political ecstacy, there would seem to be a solution of continuity. I'll not linger over that other scene in *A Grin Without a Cat* where Fidel Castro, who had "the genius of great actors for transforming the accidental into the legendary," is shown caressing the microphones at his podium to punctuate each of his phrases, a phallic metaphor if ever there was. Its fatally inversed figure can be found at the beginning of *The Last Bolshevik*, where a festooned marshal signals to someone in the crowd to doff his hat at the moment when the Tzar goes by: along with omnipotence, the streets of Chris Marker always harbor some obscure anxiety of castration. Whether before King or Woman it is always a matter of remaining covered: we know that the knowledge of the Absolute comes at this price. Finally, in Marker's cinema of the frame, the mask is *de rigueur*. Not, as Bazin understood it, that the frame mask negatively circumscribes that portion of the world outside the camera's eyepiece, more vast by definition, but rather in a positive sense: in every one of his images we must sustain some element of the mask *within* the frame. Everything takes place at the center of the image, even in the archival image where the court dignitary designates the subject people off-screen: we know that the overthrow of history will turn this officer into a future victim, that his gesture of omnipotence prefigures the power that will crush him in his turn. Every gesture, in a certain sense, concerns us and returns to us: here I am again before the photo of the little dancer, before the crossing movement of her hands, before the flower stuck in her hair – but is it really a flower, this strange spool, this pistil covered in long pink silks, this erect and desirable sex?

In Which the Author Makes a Momentous Discovery

Looking closely at this photo, I realize that an essential detail had escaped me: there, in a diagonal between the point of intersection of the two hands and the axis of the flower, I glimpse the dancer's right eye, the black of an iris. A discomforting sensation, then certainty: the dancer is cross-eyed. Not enough to reverse an interpretation. But this squint recalls another: the famous strabismus with which a certain Yakut is "afflicted." It is curious how this difformity has the effect on me of a primal scene, all the more pregnant in that I have never seen *Lettre de Sibérie*, where this Yakut made his entry into the history of cinema. Here is the sequence, as Marker has transcribed it in his *Commentaires*: "While recording as objectively as possible these images of the Yakut capital, I asked myself frankly whom they might please, since is is clear there can be no question of treating the USSR in any terms but those of hell or paradise."[3]

Following which, the demonstration:

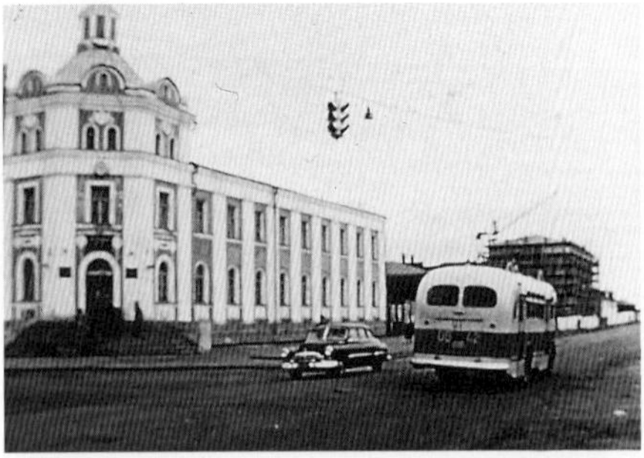

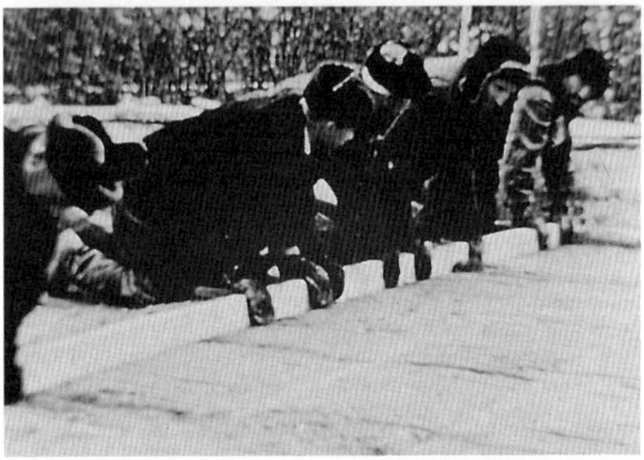

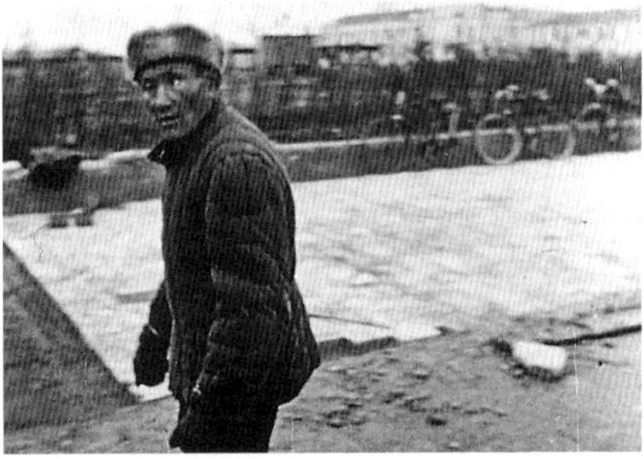

For example:

Yakutsk, the capital of the Soviet Socialist Republic of the same name, is a modern city where the comfortable buses furnished for the people ceaselessly meet the powerful Zyms, triumph of the Soviet automobile industry. In the joyful emulation of socialist labor, the happy Soviet workers, among whom we see a picturesque representative of these boreal climes, apply themselves to making Yakutsk a land where life is good to live!

Or this:

Yakutsk is a dusky city of somber repute, where the potentates of the regime flaunt the insolent luxury of their Zyms—expensive and uncomfortable cars, if the truth be known—while the populace piles dolefully into blood-red buses. Hunched over like slaves, the unfortunate Soviet workers, among whom we see a disquieting Asiatic, apply themselves to a portentously symbolic task: leveling down to the bottom!

Or simply:

In Yakutsk, where modern houses are gradually replacing the somber old quarters, a bus less crowded than those of Paris during rush hour crosses paths with a Zym, an excellent automobile whose scarce supply restricts it to public service. With stubborn courage and under very difficult conditions, the Soviet workers, among whom we see a Yakut afflicted with strabismus, apply themselves to beautifying their city, which is in need of it…

In this case, the commentary consists in casting "three intellectual beams" on the same sequence of images, "and receiving their reverberation," to quote Bazin's elegant phrase. In the end, it is not certain that ideology emerges the loser from the crossfire: "What Chris Marker has just implicitly demonstrated is that objectivity is even more false than the two partisan points of view."[4] Marker makes the point himself as his commentary continues: "Nor is objectivity just. It does not deform Siberian reality, but stops it for a moment of judgment, thereby deforming it nonetheless. What matters is the movement, the diversity." This Yakut traversing the field of view, whom I marry with the cross-eyed dancer of *Sans soleil* – haven't they both been given the implicit mission of reflecting back the beam of speech? We don't know which eye to look in when the other is cross-eyed: and so we prick up our ears. Thus, if all of Marker's images concern us, perhaps they do so without giving up this diverging, squinting gaze, which lends us the capacity to escape their power.

Portrait of the Artist as a Yakut

To unleash us from the power of images, from the power of all propaganda, is only possible when the gaze is somehow twisted out of line. Chris Marker was the first to indicate this with the one photo of him that circulated, always the same, throughout the sixties, the photo that figures on the back cover of his *Commentaires*: against a black ground, hands gripping his Rolleiflex, Marker frames with one eye open, the other masked by the range finder of the camera, which has two lenses. Here is the man, with one eye of flesh and two machine eyes whose lines of sight are not exactly parallel... Hidden, masked, Marker shoots us a gaze which is not entirely objective: this self-portrait recalls that the origin of all images is double, resulting at once from human vision and from technical fabrication. And moreover the image, in a rigorously egotistical assertion, is specular: Chris Marker has no doubt photographed himself in a mirror, if I am to believe the atypical sighting through the left eye and the inversion of the letters in the brand-name "Rolleiflex" (no, it isn't Cyrillic...). At bottom, the "Yakut afflicted with strabismus" is cross-eyed Chris Marker himself...

When the Ear Crosses the Eye

The generalized squintery of Chris Marker's scopic world is a clear denial of the omnipotence of the image: it is no accident that this strabismus, mentioned in the so-called objective version of the presentation of Yakutsk, is the ironic pivot on which the entire demonstration of the commentary turns: what the Yakut of *Lettre de Sibérie* squints at are the words beyond the edges of the frame. And where the commentary in turn goes cross-eyed is on this pebble of reality, of reality as such, impassive and monstruous, which lends a fantastic touch to the most banal shot of a pedestrian crossing a street and which transforms all that strained to be no more than sheer objectivity into cinema.

André Bazin had a prescient insight into this diverging squint between image and word, where it is finally language that plays the role of witness to reality. It is worth quoting his essay on *Lettre de Sibérie* at length: "Generally the image is the properly cinematographic element, constituting the raw material of the film. The orientation is given by the choice and the editing, with the text completing the organization of meaning that has thus been given to the document. In Chris Marker's work things are quite different. I would say that the raw material is intelligence, its immediate expression, the spoken word, and that the image only comes in third, in reference to this verbal intelligence. The process is reversed. I will risk another metaphor: Chris Marker brings an absolutely new notion of editing into his films, which I will call horizontal, by contrast to traditional editing which plays over the length of the film through the relation from shot to shot. Here, the image does not refer to the one that preceded it or to the one that follows it, but laterally in a way, to what is said about it." And then comes this discovery: "The primordial element is the sonorous beauty and it is from there that the mind must leap to the image. The editing is done from ear to eye."[5]

Rapture = Rhetoric

This leap from ear to eye forms Chris Marker's inimitable style: not only does the filmmaker use all the rhetorical possibilities allowed by directive commentary (irony, antiphrasis, hyperbole, understatement, personification, etc.), but he uses the image to hollow out gaps in the immensity of space and time, gaps which language stitches up, relying only on its own legitimacy. Here is where Chris Marker's master figure takes the stage: *rapprochement,* the art of bringing together the distant, which in his work is a veritable tic of imagination and thought. It is as though the time of each of his films served to condense the experience of a voyage through a history and a geography which he considers only at their two extremes, and in which he, the narrator, is the invariant element.

The zero degree of rapprochement is the simple enumeration of geographically separate places, rendered contemporary by the magic of the commentary. In *Si j'avais quatre dromadaires*, the voice of the photographer declares: "Well, I don't know, this feeling of bringing together the world, of reconciling it, of laying all the time zones out flat... that must be part of a nostalgia for Eden, that it's the same time everywhere. Myself, I can't help falling for those films that roll you from one sunrise to the next, saying things like: It's 6 AM all over the world, 6 AM over St. Martin canal, 6 AM over Göta canal in Sweden... [The end of the text continues in another voice, that of Pierre Vaneck.] It's 6 AM all over the world. 6 AM over St. Martin canal. 6 AM over Göta canal in Sweden. 6 AM over Havana. 6 AM over the forbidden city of Peking. The sun is rising..."

Eden /Apocalypse

The fusion of time, the dislocation of places, the climax of identity: Chris Marker's fascination for rapprochements procedes from a wish for simultaneity, which he himself describes as Edenic. Sometimes Eden is embodied and becomes the invariant to which everything else refers. As in the very beautiful final excursus of *Cuba si*: "Such was Havana in 1961: machine guns on the roofs and congas in the streets. In the rest of the world normal life went on. What was world talking about then? About people, countries, mythical beasts, about Algeria, France, America, space, time, the Congo, Laos, Africa, and the forms that violence and prayer would take in this second half of the century. The Apocalypse was also being written, it was the dearest book in the world. That's when people in the world began talking about Cuba as well." The succession of the countries people talk about is not composed of identical terms: the imperialist countries are opposed to those struggling for independence, via the mention of space and time, which prepares the universalization through "violence and prayer," the world spirit to which the history of Cuba is referred, writing the modern book of the Apocalypse in letters of flesh. The rapprochement, here, is only sketched, resulting from a dialectic of image and text where boxing, bullfighting, and rock'n'roll are added to images of a Bible copied and illuminated by hand: the patient construction of a metaphor where the scattering of places is as though subsumed by the absolute Event, the Cuban revolution transporting Eden into historical time.

In Which We Discover that Giraudoux is not Chris Marker's Model

This theme of a splintered history matched by a rhetoric of rapprochement makes the author of *Sans soleil* into a pure romantic: from Port-Royal to Chris Marker there is a continuous line leading through Racine, Chateaubriand, and Claudel, and in a general way through the eschatological tension of style that marks literary Catholicism. Chateaubriand, no doubt, is the filmmaker's nearest brother in literature. Just one example is enough to recognize the simultaneism in which the two authors commune. Chateaubriand is on the way to Hradschin, where Charles X is in exile. He stops in Waldmünchen, where he contemplates a country church: "The date of this sanctuary's erection, 1830, was written on the architrave: a monarchy was overthrown in Paris and a church was built in Waldmünchen. Three banished generations would come to live their exile some fifty leagues from the new asylum raised to the crucified king. Millions of events reach fulfillment at once: what difference can it make to a black man asleep beneath a palm on the bank of the Niger, when a white man falls at the same instant under a dagger on the bank of the Tiber? What difference to the one crying in Asia, the one laughing in Europe? What difference did the destroyer of Saint-Germain l'Auxerrois, the cross-breaker of 1830, make to the Bavarian mason who built this chapel, to the Bavarian priest who exalted Christ in 1830? Events count only for those who suffer them or for those who profit by them: they are nothing to those who ignore them, or to those whom they do not touch."[6] There is a music here whose melody returns in the first few meters of *Lettre de Sibérie*.

Fraternity

But – and the nuance is significant – where Chateaubriand saw the course of history as a movement of scattering and splitting, Chris Marker glimpses the possibility of a universal brotherhood between beings, including even animals. Marker would seem to be a cheerful Chateaubriand, not having renounced his childhood, his love of Jules Verne, his taste for comic books, or his collection of postcards. Better yet: he seems to be a child who has gone off to verify his dream, and who has not come home disappointed. Indeed, it is just this element of childhood that is always minimized in his work. No doubt it is the best part: the most redoubtable for critics,

Alfred Hitchcock, *Vertigo*, 1958

Chris Marker, *Level Five*, 1996

Otto Preminger, *Laura*, 1945

always concerned with silencing the unpredictable voice of desire. Does the photograph of the little dancer in Tokyo not refer me to the "root of indestructibility" which the narrator of *Sans soleil* evokes, possessed in common by mother and child? In this outworn romantic cliché I see the greatest liberty, the sovereign and holy affirmation of a poet who scorns the cynicism of the times. The times that pass, as they say. Cheerful and untimely, Marker remains.

In Which the Author Realizes He has Gotten Lost Along the Way

The recent release of *Sans soleil* on video cassette allows me to see the film again, to linger over it once more. Not without stupor do I watch the first half hour: there is the street festival, the traditional ballet, the movement that transported me fifteen years ago. There is the folklorical dancer coiffed with her traditional straw hat, who provided the poster for the film and who doesn't interest me – too literal. There is everything I loved, except the adorable dancer with her squinting gaze and her galvanizing flower... Do we expose ourselves to some malediction, like Orpheus returning from the depths of hell, when we watch our favorite films again in broad daylight? I had a long search to rediscover the little dancer in another Tokyo neighborhood, at a rock event from another time. Here Chris Marker declares: "For the TakEnoko, twenty is retirement age. They are Martian babies. I go every Sunday to watch them dance in Shinkjuku park. They do their best to be noticed. And they don't seem to notice they're noticed. They are in a parallel time. The wall of an invisible aquarium separates them from the crowd they attract. I can spend an afternoon contemplating this little TakEnoko who is now learning, no doubt for the first time, her planet's customs." On Chris Marker's little planet one dancer can hide another, one memory can cover another, as though time slipped by along parallel tracks. But at the same it is a *particular* face, here or there, that beckons: having lost the way only to find it again proves it was *that* face, and no other, that I had chosen. Here, one image never stands in for another, even if everything begins in the labyrinth of resemblances.

The Screen-Woman

My mistake seems revaltory of a fantasy-relation to which the spectator of Chris Marker's films must sacrifice: women are phantoms here, they lead irresistibly to the basements and attics of childhood castles. Mine was the banal experience of the screen-woman who haunts all of Marker's cinema, and whose model can be found in his fetish-film, *Vertigo*. Reading the text that the author of *La Jetée* has devoted to Hitchcock's initiatory masterpiece, one understands how this figure of two superimposed women plays a double role of "key and lock" in an imaginary where the myth of memory is a fundamentally sexuated myth: "The idea of reliving a lost love touches any human heart, whatever one may say or show. 'You're my second chance!' cries Scottie dragging Judy into the stairway of the tower. No one at this point can be tempted to take these words in the literal sense of vanquished vertigo: clearly it is a matter of rediscovering a moment swallowed up by the past, of bringing it back to life – but only to lose it once again. One cannot revive the dead, one cannot look back at Eurydice. Scottie will have received the greatest joy a man can imagine, a second life, in exchange for the greatest misfortune, a second death. What else is offered us by video games, which say so much more about our unconscious than the complete works of Lacan?"[7] These few lines, written in 1994, already contain the entire screenplay of *Level Five*, which in one gesture brings together the romantic myth of the feminine double and its cybernetic translation into transcommunication with the beyond. But this beyond has always been there before: Chris Marker is not an author of science fiction. Anticipation only serves him to explore those zones of virtual memory which a new game's roll of the dice will actualize.

The Aura of Laura

Level Five brings the contradictions that traverse Marker's universe to their summit. For the first time *on the screen*, the woman is the erotic and metaphysical partner of the inquiry, and at the same time she is more troubling than a phantom: she is a ghost. The incarnation of the image of woman is misleading here. For *Level Five* is constructed in the mirror of a double absence: the narrator, Chris Marker, has left for a long journey, while his muse-oracle Laura (Catherine Belkhodja) pursues the inquest he has left her, but in a time which is already that of reminiscence. The progression in the stages of the video game devoted to the massacre of Okinawa is written as a letter meant to be opened after Laura's death: as though to remember, one had to be dead while the other is alive. Thus what emerges here is a dialogue beyond the grave, with each one experiencing the loss of the other. This hollowed-out presence of the characters, a phenomenological constant in

Marker's universe, is subtly redoubled by the reference that Laura makes to the film of the same name by Otto Preminger – another great masterpiece of preprogrammed death, the tenebrous twin of *Vertigo*.

The allusion, which procedes through the device of interlocking elements, is something more than a wink at a film-buff audience. *Laura* is memory, raised to the rank of a mythical figure. Let us recall the character played by the diaphanous Gene Tierney in Preminger's film: believed dead, Laura reappears during a false dream in the space opened by the feverish roaming of an investigator who has fallen in love with her without ever having met her. This dream and this voice speaking in the darkness have found their place in *Level Five*, but the enigma which they indicate and attempt to resolve goes beyond the limits of an individual destiny. At stake here is the destiny of an entire people, and through it, of Western man. In *Level Five*, Chris Marker's screen-woman finally incarnates all the powers of the image, the better to put them to the test of language, an exchange in which the most beautiful love letter is written. In this face-to-face, I may have found the secret safeguard against oblivion, and learned to outwit the power of intimidation that the masked cinema of Chris Marker exerts on me.

Arch of Triumph over Wrong Track?

I don't know if Laura will help me remember the films of Chris Marker. But in any case, by her presence and her unpretentious beauty, free of the gesture that conjures up the violence of my gaze and thereby appeases it, I know that she has taught me not to accord more importance to the images than to the man or woman who shows me them. Beyond the face, images are no doubt mirages. And the images of Marker's films would finally seem to resemble those statues disposed along the Path of the Tombs in *Dimanche à Pékin*, those "beasts ranked two by two, placed there to guide the traveler, without any possible error, toward the precise spot where the Ming emperors *are not* interred."

Chris Marker adds at the end of his commentary: "Arch of Triumph over wrong track, that could be China's blazon."

At the close of my inquiry, I wonder if it could not also be his.

Chris Marker, *Dimanche à Pékin*, 1956

Notes

The titles of Chris Marker's films only appear in English when they have been translated by Marker himself. – Trans.

1. End of the commentary on *Dimanche à Pékin*.
2. These images have been excerpted from *Ian Palach* (1969), the first film of another photographer-filmmaker: Raymond Depardon.
3. Commentary on *Lettre de Sibérie*, in *Commentaires* (Paris: Editions du Seuil, 1961), pp. 61-63.
4. André Bazin, *Le cinéma français de la Libération à la Nouvelle vague (1945-1958)* (Paris: Cahiers du Cinéma/Editions de l'Etoile, 1983), p. 177.
5. André Bazin, op. cit.
6. *Mémoires d'outre-tombe* (Paris: Pléiade, 1948), vol. II, p. 650.
7. "A free replay (notes sur *Vertigo*)," *Positif* 400, June 1994, p. 84.

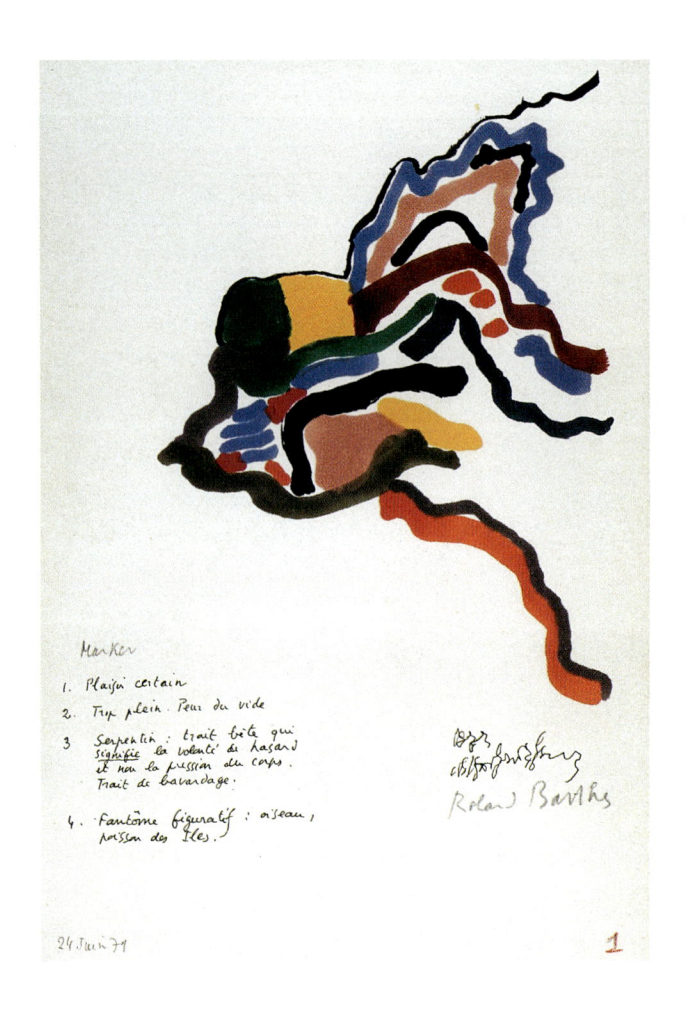

« Marker » (1971), dessin de Roland Barthes, publié dans *Roland Barthes par Roland Barthes*, Écrivains de toujours, Seuil, 1975

(Dans le film d'Alain Resnais, *Toute la mémoire du monde* (1956), on trouve crédités, parmi les collaborateurs, Chris et Magic Marker.)

Le livre, aller, retour

par Raymond Bellour

pour Thierry, pour Christa

Comment quelqu'un en vient-il à se raconter, se prenant pour sujet de sa mémoire, pour créer du nouveau? Qu'est-ce qui fait qu'un beau jour «ça prend», disait Barthes essayant d'éclairer cet automne 1909 où il semble que la *Recherche* glisse vers sa formule, roman plutôt qu'essai, et «forme longue, filée, nappée», plutôt que les formes brèves et discontinues auxquelles Proust s'était essayé jusque là[1]? Comment Barthes en arrive t-il à son *Roland Barthes par Roland Barthes*, autoportrait d'un nouveau genre au seuil duquel il nous prévient que «Tout ceci doit être considéré comme dit par un personnage de roman»? Comment ce livre de fragments, avec son album de famille et ses images d'une mère souveraine, ses pages d'écriture et de dessins, éclaire-t-il l'œuvre antérieure et devient-il l'index de l'œuvre à venir, les deux livres sur le discours d'amour et sur la photo-mère, et les esquisses de récit jamais réalisés? Comment Chris Marker en vient-il à *Immemory*? Et pourquoi *Immemory One*? Qu'est-ce qu'*Immemory*?

Depuis l'article fameux d'André Bazin sur *Lettre*

de Sibérie, on a surtout défini le cinéma de Marker comme un cinéma de l'essai[2]. Adaptant la formule de Vigo sur *À propos de Nice*, Bazin disait: «un essai documenté par le film»; il soulignait l'importance du mot *essai*, «entendu dans le même sens qu'en littérature: essai à la fois historique et politique, encore qu'écrit par un poète». Dans cet article bref, il ne rappelait pas ce que cette écriture devait à la formule de la lettre, ni que Marker l'empruntait à Michaux, à propos duquel la critique s'épuisait à comprendre jusqu'où il déroutait les fausses évidences de la poésie. L'essayisme de Marker, depuis, a pris bien des formes: elles témoignent autant d'une politique des humeurs que de variations modulées selon les sujets (pays, portraits, problèmes...), les commanditaires et les régimes de travail (interventions à chaud, projets de longue haleine). On pourrait en dresser la carte, jusqu'à n'y plus rien voir tellement la trame serait serrée, enchevêtrée. Mais une chose est sure: la subjectivité qui s'y exprime avec force et désinvolture ne tient pas seulement à un pouvoir de dire «je», dont Marker use immodérément. Elle ressort d'une capacité plus générale: le spectateur est toujours pris en tiers dans ce qu'il voit, à travers ce qu'il entend. La formule de Marker est l'échange, dont la conversation et la correspondance sont des formes électives. Mais comme il ne croit pas à la communication sous laquelle l'époque agonise, il sait bien que le seul échange est une *adresse*, tenant à la façon dont celui qui nous parle se situe dans ce qu'il dit, par rapport à ce qu'il montre. Ce n'est pas seulement une question de cinéma, ou de télévision. Cela ne se limite pas à la position de l'essai qui favorise, tel que Marker le gère, ce débordement de l'adresse. C'est une question d'écriture et d'énonciation, au sens large comme au sens restreint du mot. On le sent constamment en parcourant *Immemory*. Le héros qui dit «je» sans aimer se montrer (sinon à l'abri de son Rolleiflex) fait d'abord appel à son chat-fétiche, Guillaume-en-Egypte, «the silent-movie-cat», qui lui sert de double et d'embrayeur, de guide délégué et de témoin. Toutes les personnes du verbe circulent ainsi d'autant mieux dans *Immemory* à travers tous les textes, comme dans les commentaires et les voix des films: je, tu, il, on, nous, vous, ils, pour revenir au «je». Cela suppose de savoir se parler pour aller aux autres, et toucher l'autre de chacun qui se voit impliqué. Par delà l'humanisme, il s'agit d'un don de l'altérité, dont l'éthique de la réserve personnelle est peut-être garant. C'est ce qui unit Marker à Michaux. La lettre, chez Michaux, est seulement la forme cristalline d'une façon plus large de toujours s'adresser à son lecteur, d'en appeler à lui par tous les moyens dont dispose la langue. Michaux nous parle, il attire chaque lecteur dans un dialogue singulier, sans identification convenue, mais d'une efficacité sure; c'est son pari sur l'avenir, sa chance de survie. C'est sa seule façon de briser le cercle d'une solitude que les cinéastes connaissent moins que les écrivains, mais qui entre dans la formule du cinéaste-écrivain. On le pressent dès *Le Cœur net*, son roman, où la troisième personne du récit s'efface par instants sous des adresses en «vous» et en «tu», des «je» d'incantation et de confession. On le sent dans *La Jetée* même, qui raye pourtant l'œuvre d'un pur trait de fiction. «Ceci est l'histoire d'un homme...» «Ceci» est l'image qui vient, l'image d'enfance qui aura marqué le héros et ainsi le film entier comme image, s'imprimant dans le spectateur par la voix qui la lui désigne. L'extraordinaire sentiment d'intimité qui sature ce film, jusqu'au tremblement de la peur, dépend de la photo, de son immobilité et de son mutisme: le commentaire s'adresse aux images, pour en orienter la vision; et en même temps ces images nous regardent, comme si elles gardaient le souvenir d'avoir été un jour enregistrées et transmettaient une par une, du fond du récit qui les légitime, l'énigme inaliénable des choses et de la présence humaine.

Essayant de saisir la nature si neuve de ce cinéma, Bazin appelait finement «montage horizontal» la façon dont Marker lui semblait monter l'image, plus que de plan à plan, «latéralement en quelque sorte à ce qui en est dit»; l'image venant ainsi en troisième position, après l'intelligence et la parole, dans l'effet produit. C'était un peu sous-estimer combien, dans cette adresse, une force d'intelligence et de regard appartient en propre à l'image, même si elle la doit à la parole dont elle est l'aiguillon. Et il y a eu, depuis, *La Jetée* et son image d'enfance, *Sans soleil* et la Spirale de *Vertigo*. Peut-être ce sentiment que l'image nous parle d'elle-même est-il plus vif encore dans *Immemory*, où Marker se contente d'écrire sur l'écran qui n'est plus un écran et où l'image semble nous arriver directement, au gré des gestes par lesquels on l'appelle. Cela tient au dispositif, d'adresse libre et disponible, dans lequel on s'enferme avec l'auteur, par un pacte nouveau entre spectateur et lecteur. Déjà, dans *Level Five*, Laura s'adressant d'un même élan à son amant mort et à son ordinateur, à Marker entre l'un et l'autre et à travers eux au spectateur, déjà on se sentait capturé autrement.

L'impression que Marker nous parle tient aussi à la masse extraordinaire de gens à qui, un par un, il a donné dans ses films, à travers le droit à l'image, la parole. Il l'a fait en disparaissant le plus souvent comme interviewer (utilisant même des plans filmés par d'autres), sauf lorsque le dialogue lui importait trop, comme avec Kumiko et son mystère. On n'entend plus dans *Immemory* tous les témoins du *Joli Mai*, du *Fond de l'air est rouge*, de *L'Héritage de la chouette*, du *Tombeau d'Alexandre* ou de *Level Five*. On n'y entend personne. Mais on voit immensément d'êtres qui nous regardent, dont la présence photographique muette devient une forme d'adresse. Ils nous parlent au gré de leur image, de ce que les légendes et les textes en disent, laissent deviner. De cette force du regard, capté dans le film et dans la photo par l'homme à la caméra et offert au spectateur, Marker a fait dans *Sans soleil* une sorte de loi éthique et esthétique, à travers l'image si forte de la dame du marché de Praia[3]. Il y revient, dans la zone Musée d'*Immemory*, en prêtant la parole à la chouette Molly du zoo de Londres qui nous fixe droit dans les yeux comme seul un animal ou Mabuse peut le faire: «Soutenir mon regard n'a jamais été une épreuve facile. J'en ai fait mon critère en matière de peinture. [...] Avec la *Vénus d'Urbino*, le Titien me fait ce cadeau.» La sublime femme alanguie qui nous regarde de ses yeux obliques accomplit ici le dessein intérieur de chaque image telle que Marker la vit et nous en persuade: une adresse. C'est le point où il nous amène, comme la lettre arrive à son destinataire. Puisqu'une adresse est aussi bien une destination qu'un mode de discours, une qualité physique ou morale qu'un signe informatif, et en particulier l'expression numérique ou littérale représentant un emplacement de mémoire dans un ordinateur.

Le dialogue auquel Marker nous invite évoque par bien des aspects celui de *Video Letter*, les lettres-vidéo, belles et rares, que s'envoient le poète Tanikawa et le cinéaste-poète Terayama. Mais comme, dans *Immemory*, le dialogue reste virtuel entre l'expéditeur et son destinataire et qu'on sait mal encore ce qu'est un CD-ROM, quelque part entre le film disparu et le livre d'images, on pense aussi au livre conçu par Tanikawa, à l'occasion d'une retraite d'écriture[4]. Format à l'italienne, livre-écran, que des signes, des pages d'images et de mots, alternées, mêlées, montées avec une étonnante liberté: une encyclopédie bouleversante de la vie quotidienne et d'une vie en général. Une spectrographie du Temps. Son auteur a intitulé cela *Solo* et le livre a été publié chez Daguerreo Press. Ce sont ses «Notes de chevet», à la façon du livre de Sei Shônagon qui hante *Sans soleil* et auquel Marker revient dans *Immemory*, puisqu'il s'agit toujours et de faire des listes et de choisir «la liste des choses qui font battre le cœur[5]».

Comment Marker en vient-il à *Immemory*? Qu'est-ce qu'*Immemory*? Les trois adjectifs français que condense ce mot anglais forgé suggèrent quelque chose de si familier et d'ancien que le souvenir en serait perdu. N'est-ce pas désigner le caractère impossible d'une mémoire personnelle qui serait la Mémoire même? Une Mémoire en qui s'achèverait, comme en Dieu ou en la Machine, toute la mémoire du monde. Ce serait la mémoire du futur, celle de l'an 4001, dont Marker a fait miroiter le paradoxe en évoquant le point de vue du «film imaginaire» qu'il fait et ne fait pas en faisant *Sans Soleil*[6]. Il a pourtant déjà fait ce film une fois, du point de vue de la fiction, en projetant dans l'avenir le héros de science-fiction dont l'image d'enfance coïncide avec la vision de sa propre mort: c'est *La Jetée* d'où, toujours, tout part et vers quoi tout revient. Mais comment se toucher soi-même plus directement, afin de coïncider cette fois, enfin, sinon avec l'image absolue de sa mémoire personnelle, au moins avec une forme qui permette de mieux la connaître en la sauvegardant, jusqu'au dernier instant, vivante?

Longtemps, le «je» tous terrains où Marker aura excellé a été celui de la chronique et du voyage, du sentiment et de la conviction, du partage des idées et des sensations. Il est impliqué dans une mémoire active, politique et culturelle, avec laquelle il entretient un rapport joueur et complice: la mémoire du monde dont il devient la voix et le témoin. Mais il ne s'est pas encore impliqué lui-même à l'intérieur de sa propre mémoire, jusqu'au point où l'essai et une mise en fiction de la vie en viennent à fusionner à l'intérieur d'une seule matière, au gré des moyens de leur mise en forme: écriture, photo, cinéma, vidéo. Ce sera, vingt ans après *La Jetée*, *Sans soleil*: le jeu des pseudonymes, les lettres et les voix imbriquées (reprises à Michaux encore, cette fois au *Voyage en Grande Garabagne*[7]), les glissements d'identité, l'anamnèse vécue à travers *Vertigo* et par ce film jusqu'à *La Jetée*, «son *remake* à Paris[8]», qui avait déjà en mémoire la «mémoire impossible» une fois touchée par Hitchcock[9]. Et, portant tout cela, les passages d'images, entre toutes sortes d'images, depuis si longtemps travaillés, qui atteignent dans *Sans soleil* un point d'incandescence.

Dès lors deux mouvements s'enchâssent, ponctués par les incursions-interventions sans lesquelles Marker ne serait pas le témoin indispensable qu'il est toujours resté. Le premier de ces mouvements a été local et passager; le second semble inéluctable. Une longue anamnèse culturelle emporte d'abord Marker aux origines de la culture occidentale, en Grèce, avec *L'Héritage de la chouette* (13 fois 26'). Façon de reprendre son souffle, sa distance, en particulier par rapport à l'actualisme politique. Marker aligne autant de chouettes imaginées qu'il y a d'interlocuteurs choisis [44] pour cette enquête qui suffit à justifier la phrase prêtée à Michaux: «Il faut raser la Sorbonne et mettre Chris Marker à la place[10].» Sur un mode mineur, et comme s'effaçant derrière sa matière, Marker conçoit une version renouvelée des tentations de l'Occident; il sonde par ce retour aux sources l'avenir difficile du sujet démocratique, les liens entre «L'Espace du dedans», «L'Empire des signes» et «L'Usage du Monde»[11]. Quelques années plus tôt, Michel Foucault avait aussi fait comme d'autres auparavant le voyage grec pour se déprendre de lui-même et se retrouver.

Puis on verra surtout Marker aborder autrement le cinéma. Dès 1978, à l'occasion de l'exposition «Paris-Berlin», il a conçu un mur d'écrans vidéo pour évoquer à travers un montage de films l'entrelacs de la Première Guerre mondiale et de la Révolution Soviétique: *Quand le siècle a pris formes*. Mais vers la fin des années 80, avec *Zapping Zone* pour l'exposition «Passages de l'image», Marker franchit un pas qui le fait sortir vraiment de l'écran et de la projection, au profit de l'installation et de ses moniteurs; il trouve alors surtout pour la première fois l'occasion de livrer l'image de ce qu'il cherche depuis des années à concevoir face à son ordinateur. Dans son désordre assumé, ses zones éclatées, ses mises en rapport de registres divers de l'expérience, historique et personnelle, son esquisse d'interactivité, *Zapping Zone* est un peu un brouillon d'*Immemory*[12]. C'est un espace de subjectivité constitué en réseau, opposant sa logique à celle de l'institution qui l'inspire et qu'il dilapide: «Proposals for an imaginary television». Sur l'autre versant, *Le Tombeau d'Alexandre* réunit pour la vraie télévision des lettres filmées à Alexandre Medvedkine, en une sorte d'adieu aux grandes formes utopiques, peut-être à jamais liées, de deux âges du cinéma et de la politique. *Silent Movie* saisit l'occasion du Centenaire du Cinéma pour accomplir, par un hommage au cinéma muet, de nouveau sous la forme d'une installation, un retour vers les films qui ont regardé notre enfance[13]. Enfin, le film depuis si longtemps entrepris autour d'Okinawa, dernier trou de mémoire monstrueux de la Seconde Guerre mondiale, ce film annoncé depuis *Sans soleil* peu à peu se transforme. Marker y incorpore, pour la première fois avec cet éclat, une actrice, Catherine Belkhodja (déjà présente dans *Silent Movie*), imposant un vrai corps de vraie femme-fantôme sortie droit de «L'espace aux ombres» autant que du souvenir du film noir; il la filme devant son propre ordinateur, dans sa vraie chambre de vie de travail; il se concentre à travers elle sur un dialogue neuf avec la machine-mémoire destinée à intégrer désormais tous les mots et toutes les images, comme à renouveler notre vue de la création et de ses échanges. *Level Five* est ainsi le film qui conduit vers *Immemory* mais que *Immemory* déjà transforme.

Si bien qu'il est difficile de dire depuis quand Marker se consacre à *Immemory*. Il y travaille évidemment depuis qu'il en a défini un cadre de production avec le Musée national d'art moderne, en 1993. Mais aussi depuis que sur son ordinateur il s'essaie à l'invention d'une sorte de langue personnelle, et qu'il confie à la machine toujours plus de sa mémoire. Il commence peut-être *Immemory* dès qu'il choisit d'écrire et de filmer; dès que la mémoire, au sortir de la guerre et des camps, devient *son* problème, presque son unique sujet. Il entre dans *Immemory* dès qu'il se souvient, se souvient qu'il se souvient et commence à accumuler, dans le trésor de plus en plus démesuré de ses archives où il a «tout» gardé, les traces de sa vie réfractée dans celles de tant d'autres: vies privées, vies publiques, dont le moindre vestige dès lors, comme la Terre d'Israël au début de *Description d'un combat*, «vous adresse d'abord des signes[14]». Ainsi, dès qu'on pioche presque au hasard dans le trésor d'*Immemory*: le télégramme qui arrive à Marker pour lui annoncer la mort du musicien Bola de Nieve, en octobre 1971, et sur lequel on tombe dans la zone Photo, section Cuba, chapitre Janvier 61. Les photos de l'Album de l'oncle Anton, un des centres sensibles du CD, dans lequel on pénètre par exemple en suivant un embranchement de la section Hitchcock, à l'intérieur de la zone Mémoire. Le discours de Castro ouvrant la campagne d'alphabétisation, dont on entend les mots fameux, «Patria o muerte, venceremos», qui ouvre ce même chapitre Janvier 61. Ou, dans la section *Vertigo* des zones Cinéma et Mémoire, le plan-photo de la coupe de séquoia de *La Jetée*, encarté dans un photogramme de la coupe de séquoia de *Vertigo*, devant laquelle s'immobilisaient, transis par l'épreuve de l'amour et du Temps, Scottie et Madeleine.

On comprend vite que *Immemory* ne peut être dans l'œuvre de Marker une œuvre parmi d'autres. Quoiqu'il fasse ou non après son CD-ROM, on voit bien que celui-ci fait déjà figure d'œuvre ultime et de chef-d'œuvre, conformément à sa réalité artisanale et à sa valeur de programme. Sa nature interactive implique une dimension virtuelle (Umberto Eco distinguait déjà, de la simple «œuvre ouverte» destinée à provoquer une pluralité d'interprétations, l'«œuvre en mouvement», programmée pour varier selon ses exécutants[15]). Mais la virtualité d'*Immemory* tient surtout au rapport vertigineux entre les limites que l'œuvre se donne et l'illimité qu'elle ouvre.

Immemory n'est plus un essai, hanté, comme *Sans soleil*, par la fiction d'un autoportrait qui s'y trace en filigrane; c'est un autoportrait habité par des forces neuves, qui s'ignorent en partie encore, et le sait. Marker s'inscrit ainsi dans une tradition, délicate à cerner, dont il trouble encore les repères. Malgré les apparences, et l'existence d'une configuration d'ensemble, cette tradition doit peu à la peinture, où

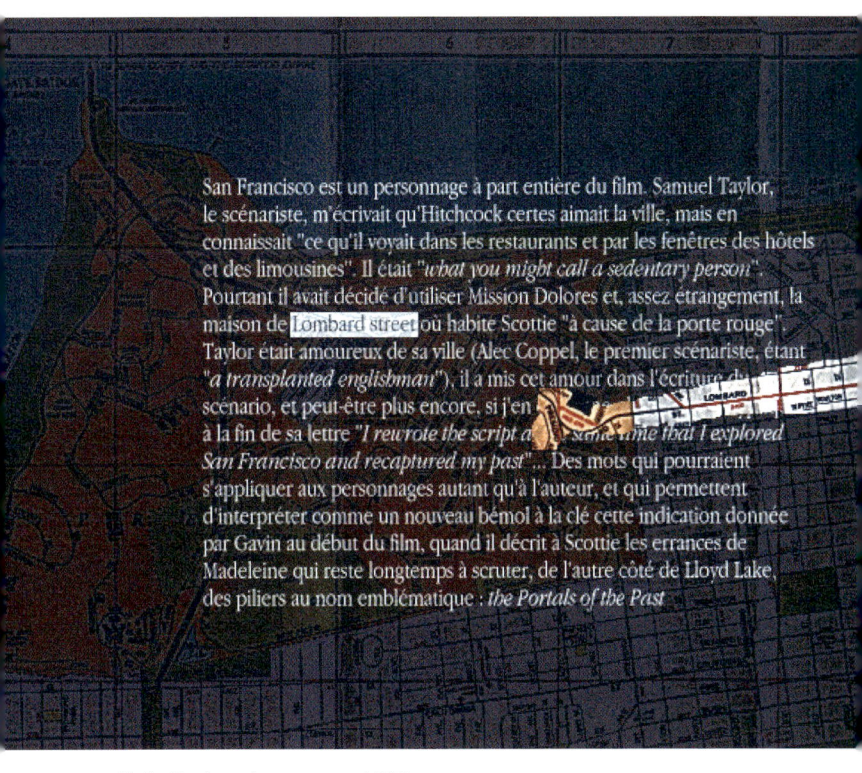

San Francisco est un personnage à part entière du film. Samuel Taylor, le scénariste, m'écrivait qu'Hitchcock certes aimait la ville, mais en connaissait "ce qu'il voyait dans les restaurants et par les fenêtres des hôtels et des limousines". Il était *what you might call a sedentary person*. Pourtant il avait décidé d'utiliser Mission Dolores et, assez étrangement, la maison de Lombard street où habite Scottie "à cause de la porte rouge". Taylor était amoureux de sa ville (Alec Coppel, le premier scénariste, étant *a transplanted englishman*), il a mis cet amour dans l'écriture du scénario, et peut-être plus encore, si j'en à la fin de sa lettre *"I rewrote the script at same time that I explored San Francisco and recaptured my past"*... Des mots qui pourraient s'appliquer aux personnages autant qu'à l'auteur, et qui permettent d'interpréter comme un nouveau bémol à la clé cette indication donnée par Gavin au début du film, quand il décrit à Scottie les errances de Madeleine qui reste longtemps à scruter, de l'autre côté de Lloyd Lake, des piliers au nom emblématique : *the Portals of the Past*

Chris Marker, *Immemory*, 1997

le partage que recouvre le terme autoportrait est simple; elle touche en revanche au plus vif la littérature et, à travers elle, le cinéma, dans quelques grandes œuvres rares et sur ses marges, et notamment l'art vidéo, au prix de toutes les ambiguïtés que l'image et le sentiment de soi nouent avec l'image elle-même.

On sait grâce à Michel Beaujour ce qu'est l'autoportrait littéraire et ce qu'il n'est pas[16]. Etranger à l'autobiographie dont il écarte la formule, même s'il lui emprunte bien des traits, celui-ci s'est constitué à partir de la Renaissance, sur les ruines de l'ancienne rhétorique dont il déplace et métamorphose les modèles, au profit d'une forme nouvelle de souci et d'invention de soi qui n'a cessé, dès lors, de hanter la littérature occidentale. La méthode de l'autoportrait est d'opposer chez l'écrivain la recherche de ce qu'il est au récit de ce qu'il a fait, dans le droit fil du Livre X des *Confessions* où saint Augustin s'interroge sur ce qu'il devient dans le temps même où il écrit son livre. L'autoportrait naît ainsi du désœuvrement et du retrait, comme divagation et monologue, opposant la dérive de sa propre encyclopédie à celle des grands héritages dont il mine les mnémotechnies et les topiques. Il s'apparente par sa quête aux exercices spirituels et à la méditation religieuse en frôlant celle de la philosophie qui en renaît, mais aux certitudes de laquelle jamais l'autoportrait ne s'arrête. Il se maintient par là d'autant, «cogito des instances disloquées», sans que son auteur sache ni où il va ni ce qu'il fait, dans une tension irrésolue entre «je pense» et «j'écris»: héros comme malgré lui du livre devenu à la fois utopie, corps et tombeau. De Montaigne à Leiris, l'autoportrait dessine ainsi une sorte de genre, ou de sous-genre, aux contours étonnamment stables. Il peut soit s'accomplir en un seul livre devenant le chef d'œuvre et le centre inquiet d'une vie (c'est le cas des *Essais* et, à demi, de *La Règle du jeu*), soit cristalliser soudain en un livre, même bref, et souvent tardif, la part d'autoportrait jusque là dispersée à travers l'œuvre, et plus ou moins latente en toute œuvre dans l'espace littéraire moderne; de sorte que celle-ci s'en trouve alors rétrospectivement éclairée (c'est le cas des *Rêveries d'un promeneur solitaire* chez Rousseau, de *Ecce Homo* chez Nietzsche, du *Miroir des limbes* avec ses *Antimémoires* chez Malraux, ou du *Roland Barthes par Roland Barthes*).

On commence à mieux comprendre combien le cinéma, réfractaire à l'autobiographie[17], a pu être sensible à une emprise de l'autoportrait, difficile à évaluer, toujours un peu métaphorique. Elle touche aussi bien les marges expérimentales (Stan Brakhage, Jonas Mekas, Boris Lehman, etc.) que certaines grandes œuvres déjà classiques (Fellini, Cocteau, Welles, etc.). On a senti, aussi, à quel point les transformations induites par l'image-vidéo avaient accentué ce mouvement, en s'appropriant d'autres modes de l'intimité et de l'expérience corporelle, comme en modifiant le traitement de l'image elle-même (par exemple chez Vito Acconci, Jean-André Fieschi[18], Thierry Kuntzel[19], Bill Viola, etc.). Comme toujours, Godard aura pris acte, du point de vue du cinéma, d'un état de fait que soulignent un titre et un sous-titre de film qu'il a été seul à oser: *JLG/JLG Autoportrait de Décembre.* C'est sa façon de suggérer que le dispositif de projection, qui fonde à ses yeux la supériorité du cinéma sur les autres arts, trace bien la limite qui demeure entre film et livre, quand l'un s'approche ainsi de l'autre; chacun semblant en fait permettre, selon sa réalité matérielle, quelque chose que l'autre interdit. Les technologies de la lecture visuelle (cassettes, vidéo-disques, CD-ROM) ne suffisent pas à lever, pour l'essentiel, cette limite, malgré tous les déplacements qu'elles permettent, puisqu'elles viennent après l'objet lui-même et l'altèrent sans vraiment le changer. Cela éclaire, sur ce plan, la force propre des installations, dont ont profité peu de cinéastes et qu'ignorent les écrivains, et qui ont tant aidé Marker à se déplacer en lui-même. L'installation permet en effet de conjuguer dans l'espace visible, par des processus apparents, des simultanéités, des circularités et des fragmentations que le livre et le film doivent traiter dans la logique d'un espace plus ou moins soumis à la linéarité du temps (de façon absolue pour le film, relative pour le livre). En revanche, si l'installation touche souvent des gestes purs du temps, la maturation et l'intimité du temps lui sont moins accessibles. Mais elle peut incorporer en elle-même le livre et le film dont elle relance ainsi la mémoire en la redistribuant. Tel est le geste de *Silent Movie*, opérant à travers cinq moniteurs superposés et composant une légende personnelle des enfances du cinéma. C'est aussi celui de Jean-Louis Boissier captant, grâce à l'ordinateur absorbant l'image-vidéo, des instants des *Confessions* et des *Rêveries* de Rousseau, et constituant ainsi, entre l'espace matériel d'un album dont on tourne les pages et la réalité physique d'une chambre d'écriture, un espace de transition interactif entre texte et image[20]. Mais pour que le film finisse par rejoindre directement le livre, pour qu'ils renaissent, mêlés, et transformés, il faut autre chose encore. Il faut par exemple, au terme d'une double vie passée à traquer l'un et l'autre, ce CD-ROM si singulier, *Immemory*.

Si l'autoportrait est «d'abord une déambulation imaginaire au long d'un système de lieux, dépositaire d'images-souvenirs[21]», une sorte d'homologie s'impose entre ce découpage, psychique et matériel, et les modalités topographiques que permet en lui-même de développer le CD-ROM, par arborescence comme selon divers modes d'enchaînements et de contiguïtés. De même, l'ensemble des technologies informatiques peut apparaître comme un gigantesque équivalent des arts et théâtres de la mémoire de l'Antiquité, du Moyen-Age et de la Renaissance, dont l'autoportrait hérite et travestit les modèles en ordonnant à un nouveau souci de soi des fins de persuasion sociale et des systèmes de firguration des mondes humain et divin. Une telle homologie permet de comprendre comment on peut trouver d'emblée un air d'autoportrait à des œuvres qui auraient sans doute emprunté, auparavant, les régimes du suivi autobiographique, du témoignage et de la documentation historique. Ainsi *My Private Album* du chinois Feng Mengbo[22], dont le menu offre quatre entrées: trois de caractère biographique et autobiographique («Grands Parents», «Parents», «Xiaorheng and Me»), et une quatrième consacrée à des extraits de films du cinéma héroïque de propagande. Le parcours pourtant presque linéaire des trois premiers ensembles, formés pour l'essentiel de photos délicatement ordonnées, permet d'établir entre eux, comme avec le quatrième, des relations de type analogiques et thématiques, des nœuds sensibles et figuratifs qui dépassent la simple rétrospection biographique. De même le CD déjà classique de George Legrady, *An Anecdoted Archive from the Cold War*. Le principe selon lequel l'auteur – un des deux fils d'une famille de réfugiés politiques hongrois installés au Canada – ordonne l'ensemble de ses matériaux d'après le plan du rez-de-chaussée d'un Musée[23], suffit à aligner sa quête de mémoire sur le modèle des lieux et des images de l'ancienne rhétorique, dont tout CD automatise et fixe les procédures possibles. Le nombre important des divisions d'une structure là encore purement arborescente (huit entrées principales correspondant à huit salles et ouvrant une cinquantaine de mini-sections) permet de développer de façon très fragmentée la répartition des matériaux choisis, de nature extrêmement variés. De sorte que les voies classiques de la psychologie biographique et de l'analyse historique se trouvent épurées et détournées selon un mode énigmatique, qui suspend le sens, comme le voulait Barthes, en confiant ses restes au lecteur qui les manipule: on se sent pris ainsi entre une didactique implicite et un art d'évocation, qui émanent du heurt entre les éléments reçus comme des flashes documentaires (que ceux-ci soient informatifs, ou soudain très prégnants, tels les films de famille).

La singularité d'*Immemory* est d'être le dépôt d'une œuvre et d'une vie qui ont pris pour objet ce siècle comme lieu de mémoire de toutes les mémoires du monde. Entre la voie Montaigne (un livre unique, ou presque, commencé tôt, qui s'enrichit selon la vie et s'accomplit au-delà de la mort qu'à sa façon il programme[24]) et la voie Barthes (un livre tardif qui fait miroiter l'œuvre antérieure en esquissant l'œuvre à venir), Marker invente une voie ambiguë, qui tient autant à la logique des supports qu'au besoin de mener son propre jeu.

S'il a continué, pendant la composition d'*Immemory*, à mener à bien *Level Five* et *Silent Movie*, s'il a honoré son éthique de l'intervention en filmant en Slovénie *Le 20 heures dans les camps* et recueilli le témoignage exemplaire d'un *Casque bleu*, c'est aussi que ces œuvres et ces gestes se trouvent, en un sens, comme déjà inclus à l'intérieur de sa grande entreprise; de la même façon qu'y revient le plus clair de son œuvre, à travers quarante ans de livres et de films. Car tout Marker, ou un certain tout de Marker y entre, que ce soit de façon réelle ou par miroitement, mais aussi virtuellement: c'est l'aspect cristal fou d'un tel objet. La section Corée de la zone Photos est ainsi constituée par l'ensemble du livre *Coréennes* (1959), album de textes et d'images, repris tel quel, «à quelques ajustements de mise en pages près», comme l'indique une postface: on est alors tout proche de ce que serait une section dans un projet d'*Œuvres complètes* (le CD-ROM ouvre ainsi chez les éditeurs des perspectives troublantes – on y pense déjà à la Pléiade). En revanche, à plusieurs reprises, une image se trouve rappeler à elle seule et parfois seulement à qui le sait un film entier: dans la zone Voyage, c'est l'image du premier plan de *Description d'un combat*, autrefois publiée dans *Commentaires*; dans la zone Photo, section Russie, c'est une photo de Medvedkine, écho du *Tombeau d'Alexandre*; dans la zone Cinéma, section *Wings* (pourvu qu'on ait continué sans dériver), c'est une photo de Tarkovski, pour le reportage réalisé pendant le tournage du *Sacrifice*, et qui occupait une des zones de *Zapping Zone*. Mais, en revanche, la photo suivante, qui montre Kurosawa, permet de bifurquer vers la section Japon de la zone Photo et d'entrer ainsi dans une suite de onze photos en boucle tenant lieu, si l'on veut, de *A.K.*, le film que Marker a réalisé en suivant le tournage de *Ran*. Et une seule image, à son tour, rappelle *La Jetée* à travers *Vertigo*.

Comment s'empêcher de penser, dès lors, qu'à chacune de ces occasions, et de bien d'autres, il suffirait d'un rien, ou d'un grand saut de la technique dont on peut rêver, pour que ces films puissent apparaître un jour en tout ou partie, tout et partie, au gré de nouveaux chemins de traverse à l'intérieur du CD-ROM du XXIe siècle? Même *Silent Movie*, avec ses cinq écrans, pourrait faire retour à l'intérieur d'*Immemory*. Puisque même une installation peut entrer dans un CD, non seulement sous la forme d'un document filmé, mais grâce à des artifices capables de simuler certains de ses effets de présence réelle[25].

Le titre *Immemory One*[26], utilisé pour la présentation au Musée, implique cette perspective évolutive. Il anticipe d'abord la transformation (déjà programmée) du CD-ROM en un DVD-ROM, dont la mémoire sept fois décuplée devrait d'abord permettre d'intégrer des séquences de films (coûteuses en K-bytes) plus développées et peut-être plus nombreuses, et de les montrer en plus grand format. On peut rêver aussi d'un virtuel «Immemory Two», version transformée du premier, on ne sait selon quel principe, et cela comme à l'infini, au gré de l'approfondissement d'un processus qui n'a pas d'autre fin que son propre vertige, ou la fin naturelle que la vie y apporte. Proust, pris ici comme image tutélaire, en donne au moins une idée avec ses paperoles et ses esquisses (dont la nouvelle édition de la Pléiade a livré le chantier). On peut aussi supposer chez Marker un vœu sage d'en rester là. Si c'était vrai, le nouveau titre temporaire aurait en l'intérêt de marquer la réserve par rapport à laquelle une limite est tracée, tant du point de vue des forces humaines que de l'impossibilité où on se trouve aujourd'hui de savoir jusqu'où les avancées technologiques se confondent avec la virtualité de l'œuvre.

Évoquant à Verlaine son rêve d'un livre, «tout bonnement», mais qui serait le Livre, Mallarmé avançait que d'un tel ouvrage, impossible à réaliser «dans son ensemble (il faudrait être je ne sais qui pour cela)», on pouvait au moins rêver de montrer «un fragment d'exécuté», afin, ajoutait-il, d'en «faire scintiller par une place l'authenticité glorieuse, en indiquant le reste tout entier auquel ne suffit pas une vie[27]». Au gré de sa modestie personnelle, sur le mode mineur, fort d'un «understatement» dont Marker ne se départit jamais, le projet d'*Immemory* a ceci d'analogue que, sitôt achevé, il ne l'est évidemment pas et n'a aucun vrai sens à l'être. En son centre même, celui dont Nietzsche disait qu'il est partout, il faut saisir ce paradoxe. L'autoportrait se justifie ici de chercher un accès à la mémoire et, comme Montaigne en quête de l'homme à travers celui qu'il était, de «se servir de celle qu'on a toujours sur soi[28]». Mais que veut dire «étudier le fonctionnement de la mémoire»? Une fois Proust et Hitchcock installés comme références-modèles à l'entrée de la zone Mémoire, l'un pour sa quête de la vérité des signes nés du souvenir, l'autre pour la mise en scène d'une folie du désir qui attente à l'ordre du temps, une fois posé le mot d'ordre, «À chacun sa madeleine», qui justifie l'écrivain et le cinéaste en montrant par un hasard fabuleux comment l'esprit travaille, il s'agit de savoir ce qu'est une madeleine. Cela suppose de faire sien un second mot d'ordre, qu'on retrouve au seuil d'un des sites Internet au gré desquels la mythologie Marker se transporte: «Je réclame, pour l'image, l'humilité et les pouvoirs d'une madeleine[29]». Il s'agira donc d'expérimenter, en les rendant virtuellement possibles à un lecteur, toutes les voies et tous les liens permettant de passer d'une image à une autre, à travers les zones qui couvrent ici l'histoire, ou plutôt l'expérience d'une vie, sous les auspices de sa géographie. Un index y aide, ouvrant un accès direct à tous les points recensés des huit zones dont *Immemory* se compose[30]. Mais surtout, à l'intérieur d'une zone comme d'une zone à l'autre grâce aux bifurcations possibles, *le passage d'un image à une autre* permet de sentir que, sans secret ni centre, c'est par le transport d'une chose

Ill. sur la couverture

Ill. p. 160

qui fait battre le cœur à une autre, d'un souvenir à l'autre, que sans cesse et sans fin *de la mémoire* se construit, comme un réseau.

Marker n'a bien sûr pas manqué la référence aux arts de la mémoire dont l'autoportrait, sciemment ou non, fait son miel depuis la Renaissance. Il nous rappelle que Felipe Gesualdo (un peu minoré par Frances Yates dans son grand livre[31]), propose dans sa *Plutosofia* «une image de la Mémoire en terme d'«arborescence» parfaitement logicielle». Mais si Marker affirme devoir surtout à Robert Hooke, précurseur des théories de Newton sur la gravitation, une analogie plus exacte de son entreprise, c'est que celui-ci a visé, plutôt qu'un art instrumental de la mémoire, une véritable pensée de la mémoire comme telle. Jacques Roubaud relève ainsi chez Hooke une conception de la pensée en tant que «création de la mémoire et mémoire de la mémoire», selon une vue très moderne, qui attendra Freud et Bergson pour se réimposer[32]. Il montre aussi comment «la sphère de Hooke» permettait alors de concilier deux représentations majeures de la mémoire artificielle, la forme arborescente et la forme circulaire, dont la mémoire informatique accomplit aujourd'hui la fusion, et dont *Immemory* semble un premier équivalent en terme d'exploration personnelle. On comprend mieux qu'un tel projet n'ait pas vraiment de forme repérable, sinon celle de sa structure en étoile et des parcours qu'elle permet. Ils sont innombrables et interminables, en dépit des limites encore imposés à leur mémoire, ainsi qu'au savoir-faire de Marker (il a délibérément préféré la qualité de solitude de sa chambre proustienne, et ses propres bricolages, aux effets d'une technique plus recherchée qui aurait supposé des ingérences extérieures). Le seul point de départ est le sommaire. Il n'y a pas de point d'arrivée. La mémoire n'a ni commencement ni fin. Elle est toujours revenant du passé, plongeant dans son propre avenir, ramassée dans un présent qu'elle fuit. Hooke, qui conçoit la Mémoire comme «un Reposoir d'Idées», qualifie ainsi «la dernière Idée formée, qui n'est autre que le Moment présent[33]». C'est aussi ce que Deleuze appelle, à propos du cinéma de Resnais retransformant Proust et Bergson, la Membrane-Mémoire, entre intérieur et extérieur, actuel et virtuel[34]. *Immemory* est bien ce dont on ne peut concevoir le souvenir, sa propre vie formant à chaque instant un bloc opaque dont quelque chose, sur l'écran de la mémoire, fait surface.

Œuvre ouverte, ou plutôt œuvre en mouvement, *Immemory* est peut-être surtout une œuvre en expansion, ce qui la rend difficilement qualifiable. On trouve ainsi sur un site Internet, déjà, les «Marker Xplugs», d'après une des huit zones du CD-ROM, celle dont les images sont les plus libres et les plus projectives (avec, dans le CD, cet appel qui vaut bien l'adage de Lautréamont sur la poésie faite par tous: «Tout le monde sait maintenant comment on fabrique un Xplug[35]»). Dans l'intitulé de ce site, on remarque les lettres O.W.L., qui abrègent dans *Level Five* le «Optional World Link», «le réseau des réseaux», à travers lequel se trame, autant que le jeu de stratégie d'Okinawa, l'utopie contradictoire d'un espace intime et public, ouvert à l'infini[36]. On reconnaît aussi l'animal tutélaire. Comment mieux dire que l'héritage de la chouette conduit la nouvelle démocratie de la pensée à rechercher dans la machine la définition la plus sûre, non de son être, mais de son instrumentalité, comme un art de l'adresse et de la conversation. C'est ce que Marker appelait, dès *Sans soleil*, le «plan d'assistance des machines à l'espèce humaine, le seul plan qui offre un avenir à l'intelligence[37]».

Ill. p. 160

Puisqu'on pense aussi par comparaison, et que Marker en a fait presque un art, voilà au moins trois œuvres ou virtualités d'œuvres auxquelles *Immemory* fait penser. La première, en hommage à la zone Photo qui s'étend bien au-delà de sa propre zone, est l'*Atlas* de Gerhard Richter. Voilà trente-cinq ans qu'il s'enrichit de tous les niveaux d'expérience que son auteur traverse, de la mémoire intime à la mémoire politique à celle de son travail de peintre. Cinq mille photos aujourd'hui disposés sur six cents panneaux, entre plans et photogrammes, images fixées d'une mémoire vivante[38].

La deuxième œuvre est aussi un atlas, l'*Atlas de Mnémosyne*, conçu dans les années 20 par Aby Warburg[39]. Celui-ci avait imaginé de monter sur des panneaux les nombreux documents iconographiques rassemblés au cours d'une vie de recherche, se rapportant pour l'essentiel aux survivances de l'Antiquité dans l'art de la haute Renaissance, mais allant jusqu'à des figurations contemporaines. Le montage est la règle de composition d'un projet visant à faire ressortir, à travers la myriade des thèmes choisis, les formes invariables de l'expression humaine. Warburg avait prévu d'adjoindre des textes aux panneaux qui étaient supposés cohabiter entre eux, de même que le font les images à l'intérieur de chaque panneau, selon un principe de voisinage que Warburg appliquait aussi à sa «Bibliothèque des sciences de la culture[40]». De sorte que les soixante mille volumes aujourd'hui rassemblés au «Warburg Institute» à Londres composent la seule bibliothèque publique au monde dont les livres soient ordonnés par affinités électives plutôt que selon un principe alphabétique ou numérique. Comme autrefois dans les théâtres et les arts de la mémoire; ou comme dans la «prodigieuse mémoire» de Cherechevski, le fameux mnémoniste d'Alexandre Luria[41].

Du Multicolore Vulgarisateur au Rolleiflex, ma famille a accompagné les progrès de l'industrie photographique dont Oncle Anton fut un pionnier

Edith Krasna (1900-1938)

Chris Marker, *Immemory*, 1997

On peut nommer la troisième œuvre: le rêve d'Edison. Peu avant l'invention du cinéma, Villiers de L'Isle-Adam permet à son héros d'imaginer comment, grâce à «l'Objectif aidé du Phonographe», pourrait se concevoir une machine par laquelle, comme Dieu depuis la Création du monde, «l'Homme découvrirait le moyen de résorber, soit par l'électricité soit par un agent plus subtil, la réverbération interastrale et perpétuelle de tout ce qui se passe [...], l'éternelle réfraction interstellaire de toute chose[42]». Dans le roman de Villiers, cette prophétie du réseau se virtualise, pour le meilleur et pour le pire, à travers une femme transformée en une anticipation d'ordinateur: l'Ève future, à la fois «souveraine machine à visions[43]» et machine à écrire[44]. Cette femme-mémoire occupe à peu de choses près la fonction romantique de Laura dans *Level Five*, sur laquelle *Immemory* renchérit grâce à ses «Fées diverses» et en faisant de la femme, dès l'enfance du spectateur Chris Marker, la condition sensible du désir de cinéma. Ce désir se cristallise par exemple, dans la zone Cinéma, autour de la «créature de rêve» du film de Protazonov, *Aelita*, qui a peut-être inspiré *Métropolis*. Soit l'équivalent-cinéma du rêve de *L'Ève future*, qui est lui-même la version-faite-Femme du grand rêve de Mallarmé.

Si celui-ci parlait du Livre en tant qu'«instrument spirituel», «expansion totale de la lettre[45]» dont *Un coup de dés* aura dessiné l'image et offert un «fragment d'exécuté», il le voyait aussi sous les auspices d'une Fête et comme le Théâtre d'une humanité transformée. Répondant trois ans à peine après l'invention du cinéma à une enquête sur le livre illustré, Mallarmé préférait se dire contre, pour préserver le libre jeu du livre «dans l'esprit du lecteur»; mais plutôt que de recourir à la photographie, ajoutait-il, «que n'allez-vous droit au cinématographe, dont le déroulement remplacera, image et texte, maint volume, avantageusement[46]». N'est-ce pas cela que tout à la fois, dans son exacte confusion, redésigne un siècle plus tard le modeste «livre à venir» dont Marker préfigure l'image, quand il précipite une nouvelle version souple de l'œuvre d'art totale dans l'espace interstellaire du Réseau, dont celle-ci devient un des innombrables points relatifs en même temps qu'une image possible et absolue?

Mais tout ça ne dit pas comment marche *Immemory*, ni l'art qui s'y cherche, ni le plaisir qu'on y prend. Il faut pour cela appliquer la règle que Marker tend à son lecteur quand il franchit les portes de la zone Mémoire et choisit le côté d'Alfred pour arriver dans *Vertigo*: «Avertissement charitable. Si vous ne connaissez pas *Vertigo* par cœur, inutile de lire ce qui suit.» Si vous n'aimez pas Chris Marker, si vous n'avez pas en mémoire assez d'atomes de son œuvre protéiforme, si vous êtes ignorant du tour de force qui contraint un informaticien du dimanche à faire entrer toute sa mémoire du monde dans un espace insuffisant de mémoire réelle, si vous êtes insensible au côté Facteur Cheval de l'entreprise, si vous ne sentez pas le désir, que Marker vous suppose, fort de l'Immémoire de tous, d'aller grâce à lui vers votre propre Temps Retrouvé[47], vous serez forcément injuste envers *Immemory*.

La première chose qui touche est la part autobiographique de l'autoportrait, réelle ou simulée. Il y a des chances que l'auteur dise vrai, puisqu'il l'affirme, quand il détourne par exemple le roman maternel proustien au profit de la tante Edith et de l'oncle Anton, couple cosmopolite d'origine austro-hongroise et russe qui suffit à motiver dès l'enfance une passion de l'Exotisme et des voyages, dotant

Ill. p. 87 aussi Marker d'une figure tutélaire de père photographe[48]. Mais la soi-disant vérité documentaire n'exclut pas la fabulation[49]; et Marker se réserve ici le droit à la fiction de sa propre mémoire, dont le contrôle est parfois dévolu à Guillaume, «le chat véridique». Edith et Anton Krasna semblent doter d'une vérité rétrospective l'hétéronyme Sandor Krasna de *Sans soleil*; mais celui-ci pourrait aussi – beauté des secrets préservés – être le germe d'une fiction qui se poursuit. Fellini ne disait-il pas: «Je me suis inventé de toutes pièces une enfance, une personnalité, des désirs, des rêves, et des souvenirs, et tout ceci afin d'être en mesure de le raconter[50].» Mais Marker ne raconte pas, à proprement parler: il agence, parcourt, accumule et assemble des signes; sa fiction devient celle de leur mise en circulation: l'autoportrait à l'œuvre. Ainsi: «Il a fallu ce CD-ROM pour que je m'autorise ce flash-back sur une enfance cubaine.» Marker est allé loin dans la confidence pour capter une vérité possible du destin de l'oncle Anton, le seul personnage d'*Immemory* autour duquel se noue une quête d'identité dont tient lieu, pour l'auteur lui-même, le miroitement de l'autoportrait. La dernière des «Cartes postales», album où l'oncle Anton rangeait ses photos de famille, surgit après un texte dans lequel Marker nous en conte sa découverte, au cours de «ce travail». Comme pour figurer la place de cette photo cachée à la fin de l'album, il détache le mot «ceci», invitant à tourner la page, qui nous amène à ce qu'on voit: trois têtes coupées sur une table, à peine touchées par un homme en blouse blanche dont on n'aperçoit que le torse. «Ne m'en demandez pas plus», ajoute un carton blanc sur noir. Un instant prégnant d'une autre nature est celui où le narrateur, cette fois du côté Marcel de la zone Mémoire, en arrive «à nommer Madeleines tous les objets, tous les instants qui peuvent servir de déclencheurs à cet étrange mécanisme du souvenir». Parmi les cinq objets qu'il sélectionne alors, tous attachés à une représentation théâtrale du *Corsaire* de Marcel Achard (mis en scène et interprété par Jouvet, en 1938 à l'Athénée, avec Mlle Ozeray), l'idée lui vient deux fois qu'il est peut-être le dernier humain à se souvenir, soixante ans plus tard, d'une musique et d'un regard d'acteur. La part irréductible et solitaire de la mémoire personnelle s'apaise ainsi en s'offrant en spectacle à la Mémoire culturelle et entre au Musée de la Mémoire. La culture, cette «botanique de la mort[51]», permet à la vie de se transformer, parce qu'elle est une condition de la mémoire et de sa recherche du temps perdu. Marker a cette fois joué de chance, comme nous le rappelle Guillaume avant qu'on ne puisse quitter la séquence «Corsaire»: «Ah! Et puis j'oubliais… Le prénom de Mademoiselle Ozeray était Madeleine.» *Ill. p. 117*

La seconde chose qui frappe dans *Immemory* est la prégnance de la photo. Elle est partout. D'autant plus que sa fixité requiert peu de mémoire informatique, comme à revers de la mémoire personnelle qu'elle inspire. Marker naît à l'image avec la photo; il en a toujours fait; il n'est pas un «vrai photographe», comme il dit à propos de sa réserve à prendre certaines images; il n'est sans doute pas non plus un grand photographe, au sens où ses photos tiendraient seules, comme œuvres. Mais elles ne sont jamais seules: elles sont les cristaux de temps des commentaires qu'elles ouvrent. Même si elles sont souvent indécidables, elles ont aussi pour elles d'être toujours «vraies», c'est à dire d'avoir été un jour enregistrées, par Marker ou par d'autres. Jamais je n'avais ressenti si vivement la part de vérité de la phrase de Barthes, lorsqu'il parle de la photo comme d'un «fait anthropologique «mat», à la fois absolument nouveau et définitivement indépassable[52]», et ajoute: «c'est l'avènement de la Photographie – et non, comme on l'a dit, celui du cinéma, qui partage l'histoire du monde[53]».

Viennent ensuite tous les passages de l'image. Depuis *Lettre de Sibérie* où il introduisait dans la réalité documentaire deux dessins animés, ainsi qu'un certain nombre de gravures et de dessins, Marker a été un de ceux qui ont contribué à dissoudre l'écart entre l'image enregistrée et l'image dessinée ou construite. Guillaume est ici le bienveillant héros d'un besoin d'artifice familier. On se rendra mieux compte de cette tension entre-images à l'intérieur d'*Immemory* quand il y aura plus de séquences filmées, pour s'opposer non seulement au simple ici et autrefois de la photo, mais surtout au très grand nombre d'images dessinées, peintes, construites et reconstruites au gré des facilités que la vidéo et l'infographie autorisent ou, tout simplement, grâce à l'art ancien du collage auquel Marker s'est livré avec délice. Il y a ainsi beaucoup d'images individuellement fortes et intéressantes dans *Immemory*. De même que Marker n'hésite pas, dans ses commentaires de films, à prendre en écharpe un détail du réel ou à ouvrir une comparaison, sans se soucier d'un rapport prétendu du détail à l'ensemble, de même il s'abandonne ici au plaisir certain de l'hétéroclite (cela frappe dans les Xplugs). L'œil attentif s'y réserve des rencontres qui font réfléchir autant que rêver: par exemple le *Nu descendant un escalier* de Duchamp détouré pour descendre l'escalier d'Odessa dans un photogramme du *Potemkine*. Il y a dans *Immemory* une très grande variété des modes de construction de l'image, ainsi que des surprises qui y sont ménagées. Mais cette passion du disparate n'exclut pas la présence forte d'un rythme, de divers rythmes qui assurent tous ces passages de l'image. Ces rythmes sont d'autant plus troublants qu'on peut pour une part les ménager soi-même, puisque les avancées de la lecture vont au gré de chacun. Il y a ainsi une musicalité propre, et forte, des transitions, volets, fondus, etc., de tous les modes de passage d'une image à une autre, qui parfois se nourrissent d'appels discrets de musique réelle. Mais cette musicalité culmine, en fait, dans les innombrables passages de texte à l'image, parce qu'ils sont plus directement comptables des logiques du sens.

Marker commence avec le livre. Mais le livre a toujours été pour lui plus ou moins un livre d'images. Son roman, en 1949, est criblé déjà d'images invisibles. Son essai sur Giraudoux, en 1952, témoigne d'un sens très sûr du montage de textes et d'images, l'année même de son premier film sur les jeux olympiques d'Helsinki, deux ans après *Les statues meurent aussi* fait avec Resnais. En 1954, c'est «Petite Planète» que Marker fonde et anime aux éditions du Seuil où la collection, associée aux «Écrivains de toujours» et ouvrant l'éventail des fameux «Microscosme», donne son visage le plus inventif à l'édition moderne. Dès lors, les mots dérapent, du livre au film, du film au livre. Par exemple, entre les tournages de *Lettre de Sibérie* et de *Description d'un combat* (publiés tous deux en 1961 dans *Commentaires*), le livre *Coréennes*, en 1959, est présenté comme «un «court-métrage» où l'on souhaite voir apparaître un genre distinct de l'album et du reportage, qu'on appellerait faute de mieux *ciné-essai* comme il y a des ciné-romans – à une seule réserve près, mais d'importance: les personnages ne s'y expriment pas encore par de jolis phylactères en forme de nuage, comme dans les *comics*. Mais il faut savoir attendre...» Resnais exaucera ce vœu dans *I want to go home* et Marker attendra *Immemory* où il réserve largement les phylactères à Guillaume, *Ill. p.141 & 144* son seul vrai personnage-alter ego. Mais avant que

Chris Marker, *Immemory*, 1997

C'est cette image qui apprit à un enfant de sept ans comment un visage emplissant l'écran était d'un coup la chose la plus précieuse au monde, quelque chose qui revenait sans cesse, qui se mêlait à tous les instants de la vie, dont se dire le nom et se décrire les traits devenait la plus nécessaire et délicieuse occupation -en un mot, ce que c'était que l'amour. Le déchiffrement de ces symptômes bizarres vint plus tard, en même temps que la découverte du cinéma, si bien que pour cet enfant devenu grand, le cinéma et la femme sont restés deux notions absolument inséparables, et qu'un film sans femme lui est toujours aussi incompréhensible qu'un opéra sans musique. Pourquoi ce visage et ce regard sont-ils demeurés inconnus pendant près de soixante ans, voilà un mystère de plus.

C'est cette image qui apprit à un enfant de sept ans comment un visage emplissant l'écran était d'un coup la chose la plus précieuse au monde, quelque chose qui revenait sans cesse, qui se mêlait à tous les instants de la vie, dont se dire le nom et se décrire les traits devenait la plus nécessaire et délicieuse occupation -en un mot, ce que c'était que l'amour. Le déchiffrement de ces symptômes bizarres vint plus tard, en même temps que la découverte du cinéma, si bien que pour cet enfant devenu grand, le cinéma et la femme sont restés deux notions absolument inséparables, et qu'un film sans femme lui est toujours aussi incompréhensible qu'un opéra sans musique. Pourquoi ce visage et ce regard sont-ils demeurés inconnus pendant près de soixante ans, voilà un mystère de plus.

Coréennes ne resurgisse, tel quel, dans le CD, Marker se livre dans ces années maelström à un autre déplacement, quand il présente en 1963 *La Jetée* comme un «photo-roman». Il concevra, beaucoup plus tard, avec les éditeurs de Zone Books, un livre dont le rythme, grâce à la variation des tailles de photos et aux sous-titres intermittents du commentaire, annonce d'assez près ce qu'on éprouve dans *Immemory*. Si ce n'est que le texte, dans le CD, devient intérieur aux images et surtout, très souvent, bouge, apparaissant, disparaissant, au gré du mouvement de la souris, participant d'autant plus de l'image qu'il affecte. Il y a aussi beaucoup de texte, qu'il vaut mieux vraiment lire. Ainsi se crée une forme neuve de livre, rythmé, qui ne cesse de rappeler le film auquel il devient étranger mais dont il garde des traces profondes. C'est, semble-t-il, pour retrouver le livre ainsi transformé, plus que pour économiser de la mémoire, que Marker a préféré ici, à la voix off, sa base de cinéaste-écrivain, l'écriture à même l'image, saisie dans la matière de son écran d'ordinateur. Dans la très longue histoire des rapports entre les mots et les images, le CD-ROM en général opère entre Gutenberg et McLuhan une fusion encore difficile à mesurer. Dans la brève histoire du CD-ROM, *Immemory* se situe quelque part entre les livres d'images dont la fiction a illuminé notre enfance et l'*Orbis Sensualium Pictus* (L'Image du monde sensible) de Comenius, contemporain tchèque de Hooke et comme lui héritier tardif des arts de la mémoire, grand précurseur du livre scolaire illustré, que Michelet tenait pour «le Galilée de l'éducation» et dont l'œuvre a servi de référence idéale à l'utopie pédagogique de Rossellini[54].

Enfin, il y a le cinéma. Il est la mémoire incertaine de l'enfance et la mémoire du siècle. Son mécanisme et son dispositif en font la machine idéale qui pose l'oubli en condition du souvenir. D'où le privilège absolu qu'a toujours accordé Marker à *Vertigo*, où ce mécanisme pris à revers engendre un récit qui pousse à bout la folie romantique de la mémoire personnelle, quand elle trouve dans l'objet de la rencontre le caractère indécidable et pervers de la réminiscence. Pour se ressouvenir de *Vertigo* dans *Immemory*, Marker a su récrire, en s'aidant d'images simples mais efficaces, le seul article qu'il ait depuis longtemps consacré à un film[55]. On y mesure le charme des moyens de la pauvreté, tant il est difficile de savoir si la suggestion deviendrait plus grande, ici, de voir Kim Novak avancer réellement sa main vers la coupe de séquoia ou de simplement voir le geste arrêté sur deux frêles photogrammes.

Ill. p. 75

Certains des effets les plus troublants tiennent à l'intérieur de la zone Cinéma à des mélanges renforcés entre modes d'images comme entre mots et images. Par exemple l'évocation que fait Marker de l'un des deux premiers films qu'il a vus enfant, avec Simone Genevois en Jeanne d'Arc[56]. Marker a commandé lui-même la progression du noyau de la brève séquence (il le fait, variant les plaisirs, plus ou moins, ici et là), dès l'instant où on arrive à un photogramme en gros plan de l'actrice, plein écran et légèrement teinté. Trois photogrammes en noir et blanc, identiques au premier mais très inférieurs en taille, descendent alors dans la droite du cadre, recouvrant un des yeux; un texte descend sur la partie gauche, derrière lequel le reste du visage reste lisible en transparence. Sur une montée de musique, le photogramme central s'anime, le visage opérant un demi-tour puis revenant au-delà de sa position première pour s'immobiliser, différant ainsi désormais des deux autres photogrammes. Le texte rapporte avec force la façon dont cette image «apprit à

Ill. p. 94-95

un enfant de sept ans comment un visage emplissant l'écran était d'un coup la chose la plus précieuse au monde». Les deux plans (mot impropre) suivants, auxquels on accède en tournant les pages, contiennent la suite de l'histoire (le film retrouvé, la séance à la cinémathèque, etc.), selon une mise en pages identique où s'alignent deux fois trois photogrammes différents, sans plus de mouvement ni de musique. On s'aperçoit que chaque fois quelques mots ou lettres tranchent en plus clair sur le reste du texte, suivant comme une caresse la courbe des cheveux qui bordent le visage. Comment qualifier cet effet d'ensemble, faussement simple, qui mêle son, mouvement, fixité, des effets de figuration croisés, et un corps-regard-visage de femme dont un texte essaie d'éclaircir l'énigme, entre situation de lecture et rappel du dispositif de projection, comme l'exemple même des «*choses qui font battre le cœur*»? C'est peu et c'est beaucoup, juste un détail parmi tant d'autres; mais cela semble, dans ce contexte, avec cette visée, très nouveau.

Voici un autre exemple, qui frappe autrement. Après avoir quitté Moscou à l'aube, au son des cloches, dans la section Russie de la zone Photo, et traversé quelques images, on croise Agnès Varda emmitouflée dans sa fourrure devant l'église d'*Ivan le terrible*, dont un photogramme témoigne, puis six visages de Tatiana Samoilova sur une planche contact; et on arrive dans l'image qui m'occupe.

Ill. p. 140, 141 & 144

Image composite, ambiguë, en noir et blanc. Une sorte de rue: on voit deux réverbères à gauche et à droite; on devine un bâtiment sur les bords; au centre un homme marche. Surplombant cet homme, deux images rectangulaires, la plus petite sous la plus grande. On dirait des affiches ou des tableaux, des toiles peintes; elles semblent plaquées contre le mur de cette rue. La première montre un tank et des hommes qui le font basculer dans le vide; la seconde, deux mains qui lâchent une colombe. On peut reconnaître ces images, ou les avoir oubliées. Si on laisse errer la souris, un texte apparaît, couvrant le bas de la seconde image, entre la colombe et le tank. «Les peuples du monde s'unissent pour balancer les tanks à la flotte (pas tous, les Hongrois et les Tchèques s'en apercevront plus tard) – là le symbole est clair, mais de qui sont ces mains qui libèrent la colombe de la paix? Mains de femme, sûrement, d'ange peut-être. «Qui donc, si je criais...». Godard pensait-il à Rilke en glissant cette image dans le générique d'*Alphaville*?» Quand la «projection» du film de Godard commence, avec son projecteur en gros plan qui flashe dans le noir, le trouble que génère cette image se décuple: c'est presque tout le bas du mur apparent, mais sans les bords, avec l'image du tank au centre et l'homme qui marche, qui passe maintenant à l'intérieur du cadre de la première image, plus sombre, comme si on était entré au cinéma; et le trouble grandit encore quand un panoramique latéral de bas en haut découvre, troisième plan du générique, l'image des mains et de la colombe, qui défile alors sous elle-même dans la composition de Marker. Lorsque la projection s'arrête, on retrouve l'image de départ; mais «Rilke» a viré au rouge, pour une bifurcation dans la zone Poésie.

Marker utilise ici dans sa totalité une photo étrange dont Godard s'est servi pour composer son générique[57]. On est d'abord frappé par la puissance figurale de l'effet, qui reste entier même quand il devient plus clair et qu'on le répète; un peu comme le *Ceci n'est pas une pipe* de Magritte continue à surprendre après la lecture du commentaire de Foucault. On est là devant un collage, à plusieurs étages de sens et de sensations, auquel s'ajoute une référence aussitôt faite à la première élégie de

Duino et aux vers fameux: «Le beau n'est rien – que le premier degré du terrible», plusieurs fois cités par Godard[58]. Cela suffit dans doute à justifier cette interpellation de Marker. Celle-ci frappe d'autant plus qu'elle n'est pas dans *Immemory* la seule, et que Marker pratique ici, comme en passant, avec Godard, ce que Godard lui-même fait massivement avec toute l'histoire du cinéma.

On en arrive là, dès qu'on pense au cinéma: ces deux façons adverses de penser le rapport des mots et des images, des films et des livres, la fiction de l'autoportrait et l'avenir du cinéma. Il est clair qu'ils n'ont pas plus l'un que l'autre d'illusions, et que les sensibilités s'accordent sur ce qu'aura été le cinéma. S'arrêtant sur le visage de Simone Genevois, Marker l'écrit en toutes lettres: «Rien ne m'avait préparé au choix de ce visage agrandi aux dimensions d'une maison, et je suis sûr que le caractère quasi-divin de cette apparition a joué son rôle dans l'enchantement. C'est sans doute pourquoi je sens toujours un peu une agression dans l'emploi du mot «cinéma» à propos des films qu'on voit à la télévision. Godard l'a bien dit, comme il lui arrive: le cinéma, c'est ce qui est plus grand que nous, sur quoi il faut lever les yeux. En passant dans un objet plus petit et sur quoi on baisse les yeux, le cinéma perd son essence. On peut s'émouvoir sur la trace qu'il laisse, ce portrait-souvenir qu'on regarde comme la photo d'un être aimé qu'on porte sur soi, on peut voir à la télé l'ombre d'un film, le regret d'un film, la nostalgie, l'écho d'un film, jamais un film.»

Mais il y a deux façons de traiter cette nostalgie. La façon Marker et la façon Godard. Si on ajoute la façon Resnais, on tient sans doute les trois voies qui dessinent encore, au moins en France, l'éventail le plus sûr d'une pensée du cinéma et de son au-delà. C'est pour accorder un privilège ontologique à l'image, qui «viendra au temps de la résurrection[59]», que Godard s'est fait depuis si longtemps le chantre d'une mort du cinéma dont il porte la croix. Ce privilège est celui de l'icône, dont l'enregistrement de la réalité et sa restitution grâce à la projection forment un équivalent. Il y a deux mots en russe, dit Godard, pour image: «un pour réalité, Clic Clac Kodak, un plus grand, plus profond, plus loin, plus proche, comme le visage du fils de l'homme lorsqu'il a été projeté sur le linge de Véronique[60]». Le privilège propre au cinéma tient ainsi à la projection que seul dans l'histoire des arts il a eu en partage, avec la possibilité qui lui revient de projeter et de reprojeter toutes les images du monde. D'où une différence de niveau, toujours, entre les mots et les images, qui pourtant sembleraient vouloir s'équilibrer chez celui qui use de tant de livres et de mots, qui joue des mots et des images et écrit sur l'image même comme personne ne l'a fait; mais cet éloignement pourtant demeure, entre les mots qui servent et désignent l'image et l'image elle-même. D'où un tragique de l'image, qui semble immémorial, inscrit dans l'histoire de la culture dont l'image serait en même temps nature et surnature. D'où, à travers l'image, un tragique du cinéma qui en devient garant. C'est ce tragique que Marker cherche depuis toujours, non pas à ignorer mais à acclimater, à l'intérieur d'une vision de la culture dont le cinéma ne peut constituer le point focal, parce qu'à vrai dire il n'y en a aucun, et que le cinéma circule dans une histoire infiniment plus vaste, même s'il en opère une reprise incomparable. Il en va de même du rapport à l'image. Aussi intraitable soit-elle, comme dans *La Jetée*, l'image n'est pourtant le support d'aucune transcendance; son tragique tient à la mort qu'elle incarne, l'irréductible d'une vie dont elle est le signe, le travail de mémoire dont elle devient le support. Elle n'est pas une croyance. C'est pourquoi l'image vit également dans les mots qu'on peut porter sur elle, dans toutes les formes d'adresse dont elle fait l'objet. Cela suppose aussi que toutes les formes d'images soient également possibles, et compatibles entre elles, qu'il n'y ait pas de privilège de principe accordé à l'image dite naturelle, quel que soit le respect qu'on lui témoigne. Enfin, l'image de cinéma ne peut-elle sans doute demeurer cette image d'enfance, plus grande et qui se projette, que si elle permet d'imaginer au-delà d'elle-même des configurations vraiment nouvelles.

Il y aurait ainsi, comme dans le poème d'Aragon que l'un cite et l'autre pas, celui qui voulait croire au ciel et celui qui n'y croyait plus. Il y aurait ces deux arts de l'autoportrait, si neufs, que tout oppose. Celui qui fait don de son corps au cinéma, celui qui le lui cache. Celui qui devient à lui seul le cinéma, celui qui ne fut jamais cinéaste qu'à demi et éloigne encore de lui cette image trop simple. Celui qui fait du cinéma muet la scène primitive d'un cinéma qui reprojette cette scène pour l'histoire du monde. Celui qui dresse au cinéma muet un autel discret de mémoire personnelle. Ils n'ont pas la même Russie – ce pourrait être le jeu de piste à suivre comme un des fils rouges à travers les strates d'histoires dont ils ont été personnages et témoins. Ce ne sont ni le même Hitchcock ni le même Proust qui hantent *Immemory* et *Histoire(s) du cinéma*. Pour Godard, Hitchcock est la figure d'une maîtrise inégalée du monde que lui a gagné le pouvoir de la mise en scène; pour Marker il est l'homme qui a une fois touché la mémoire jusque dans la folie de la dépossession. Proust devient pour Godard la métaphore d'un temps perdu que seul le cinéma peut permettre de retrouver encore; il reste pour Marker celui qui ouvre, en lui-même, à travers un «petit morceau de madeleine», et à jamais, «l'édifice immense du souvenir».

Si on suit patiemment la section *Wings*[61], un des trois films-culte qui composent la zone Cinéma («Est-ce vraiment le premier film que j'ai VU?»), on arrive en fin de parcours devant une étrange image. Sur un fond noir, trois lignes blanches dessinent un rectangle ouvert, comme la cage d'un gardien de buts dont les deux pôteaux iraient en s'effaçant vers le bas. On lit, au-dessus de la barre transversale, les lignes suivantes: «De *Wings* à *Star Wars*, j'aurai vu voler beaucoup de choses sur les écrans du monde. Peut-être le cinéma a t-il donné tout ce qu'il pouvait donner, peut-être doit-il laisser place à autre chose. Jean Prévost écrit quelque part que la mort, ce n'est pas si grave, ça consiste seulement à rejoindre tout ce qu'on a aimé et perdu. La mort du cinéma ne serait que cela, un immense souvenir. C'est un destin honorable.» Le temps de la lecture a permis de faire apparaître, soudain, se dépliant au centre de l'écran ouvert, un être de synthèse, coloré, emblème des nouvelles images. C'est le même qui sert, en réduction, d'icône à la zone Cinéma dans le menu d'*Immemory*.

Ill. p. 129

Ill. p. 132

Ill. p. 4

Notes

1. «Ça prend», dossier «Proust», *Magazine littéraire*, n° 14, janvier 1979.
2. «Chris Marker, *Lettre de Sibérie*», dans *Le Cinéma français de la Libération à la Nouvelle Vague*, Paris, Cahiers du Cinéma-Éditions de l'Étoile, 1983, p. 179-181.
3. *Sans soleil*, p. 85, 97 (le texte a été publié dans *Trafic*, n° 6, printemps 1992).
4. La bande vidéo date de 1982-1983, le livre de 1982.
5. *Sans soleil*, p. 81.
6. *Ibid.*, p. 92.
7. «Ajvinia m'écrivait»; «Ajvinia m'écrivit» (*Ailleurs*, Paris, Gallimard, 1967, p. 65). Rappelons aussi que Michaux a intitulé «La Jetée» un

récit de *La Nuit remue.*
8. Chris. Marker, «A free replay (notes sur *Vertigo*)», *Positif*, n°400, juin 1994, p. 83. Une grande part de ce texte est repris dans la section *Vertigo*, commune aux zones Cinéma et Mémoire d'*Immemory*.
9. *Sans soleil*, p. 92.
10. Anatole Dauman rapporte la phrase dans son livre *Souvenir-écran*, Paris, Centre Georges Pompidou, 1989, p. 149.
11. Ce sont les sous-titres des épisodes 8, 6 et 10. Le premier est le titre de la fameuse anthologie de Michaux; le second, celui du livre de Barthes sur le Japon; le troisième celui d'un livre de Nicolas Bouvier (Genève, Droz, 1963), dont Marker cite avec envie un passage au début de la zone Voyage d'*Immemory*.
12. Marker dit, dans la Note d'intention d'*Immemory*: «je reste fidèle à ma terminologie de ‹Passages de l'image›». Le terme apparaît dès *Sans soleil*, «en hommage à Tarkovski»: la zone est l'espace de transformation-vidéo traité par Hayao Yamaneko sur son synthétiseur. Le mot vient aussi certainement de Michaux, en particulier de «L'espace aux ombres» (*Face aux verrous*, Paris, Gallimard, 1967, texte publié pour la première fois en 1952), où diverses zones sont désignées par des lettres, des numéros, portent des qualifications (zone de refuge, zone de vacances, zones d'attente, zones fortes, zones faibles). Dans *Immemory*, pour bien brouiller les pistes, Marker emploie parfois «séquence» pour désigner dans le CD soit l'équivalent d'une zone soit un espace de dimension inférieure.
13. Jean Louis Schefer, *L'Homme ordinaire du cinéma*, Paris, Cahiers du Cinéma-Gallimard, 1980, p. 163.
14. Chris Marker, *Commentaires*, Paris, Seuil, 1961, p. 127.
15. Umberto Eco, *L'Œuvre ouverte*, Paris, Seuil, 1965, dans le premier chapitre, «La poétique de l'œuvre ouverte».
16. Michel Beaujour, *Miroirs d'encre*, Paris, Seuil, 1980. L'ensemble des éléments qui suivent est d'abord ramassé dans l'Introduction, «Autoportrait et autobiographie».
17. Elisabeth Bruss, «Eye for I: Making and Unmaking Autobiography», in *Autobiography: Essays Theoretical and Critical*, Princeton University Press, 1980 (traduit dans *Poétique*, n° 56, novembre 1983, sous le titre «L'autobiographie au cinéma: la subjectivité devant l'objectif»).
18. Fieschi a été le premier, dans les années 70, à prendre en partie pour matière de l'autoportrait le cinéma lui-même, ses lieux et sa mémoire, emblématisés par le titre de sa grande œuvre inachevée, *Les Nouveaux Mystères de New York*.
19. L'œuvre vidéo de Kuntzel qui travaille aussi, de façon moins directe, les effets de mémoire liés au cinéma, a commencé à se trouver à travers un remontage inachevé de *La Jetée* («La Rejetée»), en prenant le film de Marker comme objet d'une mémoire transfor-

mable (voir ses «Notes sur *La Jetée*», dans le catalogue de sa rétrospective à la Galerie Nationale du Jeu de Paume, 1993).
20. Il s'agit de l'installation interactive *Flora Petrinsularis* (1993), dont l'auteur a présenté les prémices dans «Le logiciel comme rêverie» (*Le temps des machines*, Cinéma et littérature 8, Valence, 1990). L'ensemble du projet, qui a déjà été montré selon plusieurs formules, est en train de se développer aussi sous la forme d'un CD-ROM.
21. Michel Beaujour, *op. cit.*, p. 110.
22. Il a été présenté à la Documenta X (1997), mais ne figure pas dans le Guide des œuvres de l'exposition. Il date de 1996.
23. En anglais: *The Former Hungarian Workers' Movement (Propaganda) Museum*. Le CD date de 1994.
24. La première édition des *Essais* paraît en 1580, la seconde en 1588. Montaigne a soigneusement préparée avec sa «fille d'alliance» Marie de Gournay la fameuse édition posthume de 1595.
25. Par exemple dans le CD, en cours, organisé par Anne-Marie Duguet sur les installations de Muntadas.
26. *Immemory* a été présenté sous ce titre au Centre Georges Pompidou du 4 juin au 29 septembre 1997.
27. Bibl. de la Pléiade, Paris, Gallimard, 1965, p. 662-663.
28. Chris Marker, texte de présentation d'*Immemory*.
29. Il s'agit du site organisé par Adrian Miles, où la phrase (reprise du texte de présentation d'*Immemory*) apparaît en anglais: «I claim, for the image, the humility and the powers of a madeleine» (les mots «I» et «madeleine» sont isolés en très gros caractères rouges et la phrase signée: Chris Marker, 1994).
30. Pour mémoire: la Guerre, la Poésie, le Musée, la Photo, le Voyage, le Cinéma, la Mémoire, Xplugs (il y avait beaucoup plus de zones dans le premier projet d'*Immemory*). La zone Photo, par exemple, se décompose elle-même en sept autres sous-zones ou sections: Russie, Japon, Corée, Chine, Cuba, Ailleurs, Fées diverses.
31. Frances Yates, *L'Art de la mémoire*, Paris, Gallimard, 1975 (première publication en anglais en 1966).
32. Jacques Roubaud, *L'Invention du fils de Leoprepes, Poésie et Mémoire*, Circé, 1993, § 8, «La sphère de Hooke», p. 54-61.
33. *Ibid.*, p. 55.
34. *L'Image-Temps*, Paris, Minuit, 1985, p. 269. «Une membrane polarisée qui ne cesse de faire communiquer ou d'échanger des dehors et des dedans relatifs [...], comme deux zones qui communiquent d'autant plus ou sont d'autant plus en contact qu'elles cessent d'être symétriques et synchrones.»
35. Ce programme, qui a demandé par exemple 48 minutes pour être chargé sur un ordinateur puissant, consiste en un «Slide Show» dont les 56 images légendées s'enchaînent à un rythme constant, pendant quatre minutes environ. Il comporte un grand nombre des Xplugs de *Immemory*, mais aussi bien d'autres images, dont cer-

taines proviennent d'autres zones (Musée, Guerre, Photo). Il a l'intérêt de faire venir, aussitôt après l'image-titre signée Chris Marker, le mot *Self-Portrait* en légende de la seconde image: celle-ci montre trois têtes de chats, au milieu de modèles moléculaires ou orbitaux qu'on retrouve agrandis dans la troisième image, sous-titrée «Art on the Web». Quant au mot *plug*, bouchon, tampon, cheville, coin, fiche, broche, etc., il participe à l'évidence de ce qui connecte tout et n'importe quoi.

36. «Le réseau des réseaux, qui permettait de se brancher gratuitement sur n'importe quelle banque de données de la planète [...]. Il paraît même que les initiés arrivaient à se brancher sur le système nerveux de leurs correspondants.» La voix-programme de O.W.L. dit aussi: «Ce terminal vous permet l'accès à tous les réseaux disponibles: radio, télévision, informatique, existants et non-existants, présents et à venir. La pantoufle d'octets a remplacé le bas de laine, l'or et le dollar ont fait leur temps. Ici, sous vos doigts, sentez battre le cœur du futur: l'étalon-savoir.»

37. *Sans soleil*, p. 89.

38. Il a été présenté dans sa dernière version à la Documenta X, et publié sous le titre *Atlas der Foto's, Collagen und Skizzen*, par le Lenbachhaus à Munich et Oktagon Verlag à Cologne en 1997.

39. Sur l'ensemble de ce projet, voir Aby Warburg, «Mnemosyne», et Werner Rappl, «Les sentiers perdus de la mémoire», *Trafic*, n° 9, hiver 1994.

40. Les 63 panneaux de l'*Atlas de Mnémosyne* présentés à Vienne en 1994 – en autant de petites cellules, à l'occasion d'une exposition conçue par le groupe Dedalus, et dans une scénographie de Anne et Michel Poirier – constituaient une sorte de CD-ROM virtuel: chacun des 63 panneaux comprenait entre 3 et 36 images, soit en tout 1100 reproductions, montées avec des textes extraits des notes de Warburg relatives au projet *Mnémosyne*. Directement lié à la réalité de la Bibliothèque, celui-ci faisait corps avec elle, selon la vue globale qu'exprime la devise de Warburg: «Das Wort zum Bild» (Le mot à l'image, ou vers l'image).

41. Le grand psychologue russe conte ce cas célèbre dans «Une prodigieuse mémoire» [1965]. Son essai a été associé en français au récit d'un second cas, dans *L'Homme dont le cerveau volait en éclats*, Paris, Seuil, 1995.

42. *L'Ève future*, p. 580 et 579 (édition du Club français du livre, 1957).

43. *Ibid.*, p. 657.

44. Au sens où par exemple en parle Friedrich Kittler quand il associe, entre autres à propos de Nietzsche, la femme et la machine à écrire comme instrumentation de la pensée (dans la troisième partie de son livre *Gramophon, Film, Typewriter*, Berlin, Bruckmann & Rose, 1986). Voilà comment fonctionnent les deux

phonographes d'or que sont les deux poumons de l'Andréide: « Ils se passent l'un à l'autre les feuilles métalliques de ses causeries harmonieuses – et je devrais dire *célestes* –, un peu comme les feuilles d'imprimerie se passent les feuilles à tirer. Un seul ruban d'étain peut contenir sept heures de ses paroles. Celles-ci sont imaginées par les plus grands poètes, les plus subtils métaphysiciens et les romanciers les plus profonds de ce siècle » (p. 709).
45. Mallarmé, op. cit., p. 378, 380.
46. *Ibid.*, p. 878.
47. « Mais mon vœu le plus cher est qu'il y ait ici assez de codes familiers (la photo de voyage, l'album de famille, l'animal-fétiche) pour qu'insensiblement le lecteur-visiteur substitue ses images aux miennes, ses souvenirs aux miens et que mon Immémoire ait servi de tremplin à la sienne pour son propre pèlerinage dans le Temps Retrouvé. » (Texte de présentation d'*Immemory*).
48. Voir illustration p. 87.
49. Au sens où l'a rappelé Deleuze, dans la troisième partie du chapitre « Les puissances du faux » de *L'Image-temps*, Paris, Minuit, 1985, à propos des formes modernes du documentaire qui réinventent la fabulation.
50. Cité par Elisabeth Bruss, *op. cit.*, p. 481.
51. L'expression figure dans la première phrase des *Statues meurent aussi*, dans *Commentaires*, p. 11.
52. « Rhétorique de l'image », *L'Obvie et l'Obtus*, Paris, Seuil, 1982, p. 56 (le texte date de 1964).
53. *La Chambre claire*, Paris, Cahiers du Cinéma-Gallimard-Seuil, 1980, p. 136.
54. Voir dans Frances Yates, *op. cit.*, p. 404-405; Olivier Cauly, *Comenius*, Paris, Éditions du Félin, 1995, p. 282-286; Roberto Rossellini, *Fragments d'une autobiographie*, Paris, Ramsay, 1987, p. 41-42.
55. Voir plus haut, note 8.
56. Il s'agit de *La Merveilleuse Vie de Jeanne d'Arc* de Marc de Gastyne (1928).
57. Marker a pris cette photo au Festival de la Jeunesse en 1956, à Moscou, place du Manège.
58. Ils sont donnés par Godard sous une forme plus littérale et en entier: « Le beau n'est que le commencement de la terreur que nous sommes capables de supporter. »
59. Dans *Histoire(s) du cinéma* 1A (1989).
60. Dans *Les Enfants jouent à la Russie* (1993)
61. De William Wellman (1927)

(Remerciements à Mireille Cardot, Corinne Castel, Evelyne Cazade, Ysé Tran, Christine van Assche, Jean-Luc Alpigiano, Jacques Aumont, Bernard Eisenschitz, David Rodowick).

"Marker" (1971), drawing by Roland Barthes, published in *Roland Barthes par Roland Barthes*, (Paris: Écrivains de toujours, Seuil, 1975).

(Among the list of collaborators in Alain Resnais' film *Toute la mémoire du monde* (1956), one finds the names "Chris and Magic Marker.")

The Book, Back and Forth
by Raymond Bellour

for Thierry, for Christa

How does someone come to tell his story, taking himself as the subject of his memory in order to create something new? How does it suddenly "gel," as Barthes put it, trying to explain that fall of 1909 when the *Remembrance* slipped toward its final formulation, a novel rather than an essay, and an "extended, spun-out, layered form" rather than the short, discontinuous forms with which Proust had experimented up to then?[1] How did Roland Barthes arrive at his *Roland Barthes by Roland Barthes*, a self-portrait of a new genre, which warns us at the outset: "It must all be considered as if spoken by a character in a novel"? How is this book of fragments, with its family album and its images of a sovereign mother, with its pages of writing and drawing, able to illuminate the earlier texts and point to those on the horizon, the books on the lover's discourse and the photo-mother, and the sketches of unwritten stories? How did Chris Marker come to *Immemory*? And why *Immemory One*? What is *Immemory*?

Since the famous article by André Bazin on *Lettre*

de Sibérie, Marker's cinema has primarily been defined as "essay film."[2] Adopting Vigo's phrase about *À propos de Nice*, Bazin spoke of "an essay documented by film." He stressed the importance of the word *essay*, "understood in the same way as in literature: both an historical and political essay, though written by a poet." In this brief article he did not recall all that the essay form owes to the letter; nor did he recall that Marker had borrowed it from Michaux, whose departures from the deceptively clear definition of poetry had left his critics perplexed. Marker's essays have since taken many forms: they bear witness as much to a strategy of mood as to variations modulated by his subjects (countries, portraits, problems...), his commissions, and his working rhythms (punctual engagements with "hot" material, long-term projects). One could draw a map of all that, to the point where nothing would be visible for the density of the crisscrossing lines. Still one thing is sure: the subjectivity expressed here with such force and such ease does not only stem from the power to say "I," of which Marker makes immoderate use. It springs from a more general capacity: the viewer is always taken as a third party to what he sees, through what he hears. Marker's formula is exchange, in the elective modes of conversation and correspondence. But since he does not believe in the communication under which our epoch agonizes, he knows that the only real exchange resides in the *address*, the way the person who speaks to us situates himself in what he says, with respect to what he shows. It is not only a question of cinema, or of television. It is not limited to the position of the essay which, in Marker's employ, encourages this overflow of address. It is a question of writing and of enunciation, in the broad and the restricted senses. One feels this constantly as one moves through *Immemory*. The hero who says "I" without liking to appear (except behind the shelter of his Rolleiflex) appeals first to his fetish animal, Guillaume-en-Egypte, the "silent-movie-cat" who serves as his double and shifter, his delegated guide and witness. In this way the different persons of the verb can circulate even more fluidly through *Immemory* and through all his texts, as well as the commentaries and voices of his films: I, you, he, she, one, we, they, returning finally to "I." This fluidity implies knowing how to address oneself in order to move toward others, and knowing how to touch the other of each one who becomes involved. Beyond humanism, it is a gift of alterity, guaranteed perhaps by an ethic of reserve. This is what links Marker to Michaux. The letter, for Michaux, is only the crystalline form of a larger manner of always addressing the reader, of calling upon him with all the means of the language. Michaux speaks to us, he draws each reader into a singular dialogue without any conventional identification, but with a very certain effect: it is his wager on the future, his chance of survival. It is the only way to break the circle of a solitude that filmmakers experience less than writers, but which enters into the makeup of the filmmaker-writer. One has an inkling of it as early as *Le Cœur net*, Marker's novel, where the narrative third person momentarily fades into addresses to "you" (both *vous* and *tu*), and into an "I" of incantation and confession. It can even be felt in *La Jetée*, which nonetheless inscribes a pure trait of fiction into Marker's work. "This is the story of a man..." "This" is the image yet to come, the image of childhood that marked the hero and therefore the entire film *as image*, imprinting itself in the viewer through the voice that designates it. The extraordinary sentiment of intimacy that saturates this film, all the way to the shiver of fear, depends on the mute immobility of photography. The commentary is addressed to the images, in order to direct the way they will be seen; and at the same time these images regard us, as though they had retained the memory of having one day been recorded, as though one by one, from the depths of the story that legitimates them, they conveyed the inalienable enigma of things and of human presence.

Attempting to grasp the nature of such a new kind of cinema, Bazin subtly termed Marker's way of showing the image "horizontal editing," which moves not from one shot to the next one, "but laterally as it were, to what is said about it." The effect, for Bazin, was that the image came in third place, after intelligence and speech. But Bazin underestimated the degree to which, in this address, the image has its own force of intelligence, its own gaze, even if it owes them to the speech that it spurs on. And since then there has been *La Jetée* and its image of childhood, *Sans soleil* and the spiral of *Vertigo*. This feeling that the image speaks to us is perhaps even stronger in *Immemory*, where Marker is content to simply write on the screen that is no longer a screen, where the image seems to arrive immediately at the whim of the gestures by with which we summon it. The feeling stems from the technical apparatus, its free and available address, whereby we close ourselves up with the author in a new pact between viewer and reader. Already in *Level Five*, Laura addresses her dead lover and her computer in the same breath, while addressing Marker between the two, and through them, the spectator – already there, we feel quite differently captivated.

The impression that Marker is speaking to us also derives from the extraordinary mass of people to which, one by one, he has given the chance to speak, the right to the image. He has done so by largely disappearing as an interviewer (even using footage filmed by others), except in those cases where the dialogue meant too much to him, as with Kumiko and her mystery. No longer in *Immemory* do we hear all the witnesses of *Joli Mai*, *A Grin Without a Cat*, *L'Héritage de la chouette*, *The Last Bolshevik*, and *Level Five*. We don't hear anyone. But we see an immensity of beings who gaze back at us, whose mute photographic presence becomes a form of address. They speak to us through their image, through what the captions and texts say or let us guess. This force of the gaze, captured in film and photography by the man with the camera and offered to the viewer, was raised by Marker to the status of a kind of ethical and aesthetic law in *Sans soleil*, through the powerful image of the market woman of Praia.[3] He returns to it in the Museum zone of *Immemory*, where he lends a voice to the owl Molly in the London Zoo, who stares us straight in the eye the way only an animal or Mabuse can: "To hold up under my gaze has never been an easy test. I have made it my criterion in painting.... With his *Venus of Urbino*, Titian offered me that gift." The sublime lying woman who gazes at us with her oblique eyes fulfills the inner design of every image, as Marker experiences them and persuades us to experience them: this inner design is an address. It is the point to which he leads us, just as a letter arrives at its destination. For an address is as much a destination as a mode of discourse, it is a physical or moral quality as much as an informational sign (for instance, the digital or literal expression representing a site of memory in a computer).

The dialogue to which Marker invites us recalls, in many respects, that of *Video Letter*, of the rare and beautiful video letters that the poet Tanikawa and the filmmaker-poet Terayama sent to each other. But as in *Immemory*, the dialogue between sender and addressee remains virtual; and one still has very little understanding of what a CD-ROM may be, somewhere between the withdrawing film and the book of images. One thinks of the book conceived by Tanikawa, on the occasion of a retreat from writing.[4] A screen-book in landscape format, nothing but signs, pages of images and words, alternating, mixing, edited together with an astonishing freedom: a staggering encyclopedia of everyday life and of life in general. A spectography of Time. The author entitled it *Solo* and the book was published by Daguerreo Press. These are his "Bedside Notes," like the book by Sei Shônagon which haunts *Sans soleil* and to which Marker returns in *Immemory* – since it is still a matter of making lists and of choosing "the list of 'things that make the heart beat.'"[5]

How does Marker come to *Immemory*? And what is *Immemory*? The three French adjectives condensed into this English word of Marker's fabrication suggest something so familiar and ancient that its memory would be lost. Doesn't it designate the impossible character of a personal memory which would be Memory itself? A Memory in which, as if in God or the Machine, the world's entire memory would be complete? This would be the memory of the future, of the year 4001, in the paradox Marker tantalized us with by evoking the viewpoint of the "imaginary film" that he made and yet did not make with *Sans soleil*.[6] Yet he already made this film once, from the viewpoint of fiction, projecting toward the future that science-fiction hero whose image of childhood coincides with the vision of his own death: *La Jetée* once again, from which everything begins, to which everything returns. But how to touch oneself more directly, so as to coincide, at last, if not with the absolute image of one's personal memory, at least with a form that allows one to better understand it by keeping it alive up to the last instant?

The all-terrain "I" at which Marker has excelled was long that of the chronicle and the voyage, of sentiment and conviction, of a sharing of ideas and sensations. It was implicated in an active political and cultural memory, with which it maintained a relation of playfulness and complicity: the world's memory, of which it became the voice and testimony. But Marker had not yet implicated himself in his own memory, to the point where the essay and the fictionalization of life come to fuse within the same material, through the very means of their formalization: writing, photography, cinema, video. That would come twenty years after *La Jetée*, with *Sans soleil*: the play of pseudonyms, letters, and imbricated voices (borrowed from Michaux once again, this time from *Voyage en Grande Garabagne*[7]), the slippages of identity, the anamnesis experienced in *Vertigo*, and through it, in *La Jetée*, "its remake in Paris,"[8] which already bore in memory the "impossible memory" once touched upon by Hitchcock.[9] And to convey all that, the passages between images, all kinds of images, elaborated over such a long time, reaching a point of incandescence in *Sans soleil*.

From this point forth two movements are intertwined, punctuated by the incursions-interventions without which Marker would not be the indispensable witness he has always remained. The first of these movements is local and temporary; the second appears ineluctable. A long cultural anamnesis brought Marker back to the origins of Western culture, in Greece, with *L'Héritage de la chouette* (thirteen times 26'). A way of regaining his breath, his distance, particularly in relation to political presentism. Marker set up as many imaginary owls as there are chosen interlocutors (forty-four to be exact) for this inquiry that serves to justify the phrase ascribed to Michaux: "The Sorbonne should be razed, and Chris Marker put up in its place."[10] In a minor mode, as though withdrawing behind his material, Marker conceives a renovated version of the West's temptations; with this return to the source he probes the difficult future of the democratic subject, the links between "The Space Within," "The Empire of the Signs," and "The Way of the World."[11] A few years earlier, Michel Foucault had also taken the route to Greece, like so many others before, to shed the self, and to find himself.

After this, Marker can mostly be seen trying out other approaches to cinema. Already in 1978, for the exhibition *Paris-Berlin* at the Pompidou Center, he designed a video wall evoking the imbrication of the First World War and the Soviet Revolution through a montage of films: *Quand le siècle a pris formes*. But in the late eighties, with *Zapping Zone* for the exhibition *Passages de l'image* (also at the Pompidou Center), Marker took the step which truly led him outside the screen and projection, to the installation and monitors: then for the first time he found the occasion to deliver the image that he had been seeking to conceive for so many years in front of his computer. In its voluntary disorder, its fractured zones, its ways of relating the different registers of historical and personal experience, and its sketch of interactivity, *Zapping Zone* is something like a first outline of *Immemory*.[12] It is a space of subjectivity constituted as a network, opposing its logic to that of the institution which inspires it and which it ransacks: "Proposals for an imaginary television." On the other side of the divide, *The Last Bolshevik* brought the

Chris Marker, *Immemory*, 1997

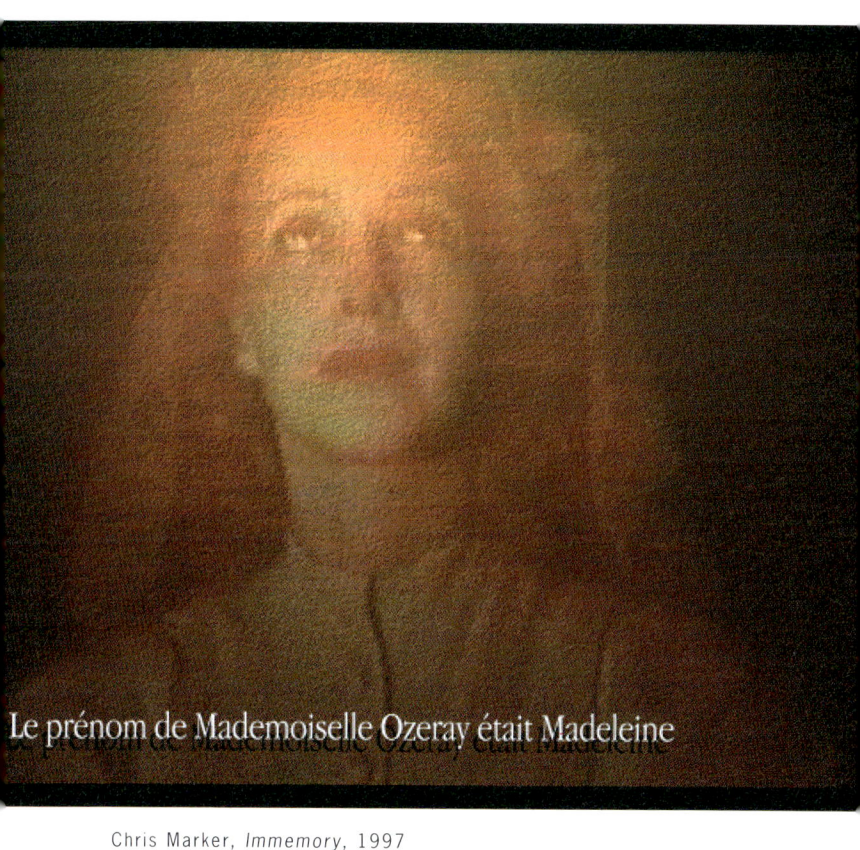

film letters to Alexander Medvedkin together for real television, in a sort of adieu to the great utopian forms, perhaps forever linked, of cinema and politics. *Silent Movie* seized the occasion offered by the Centennial of Cinema to carry out a return to the films which watched over our childhood, through an homage to silent film, once again in the form of an installation.[13] Finally, the slow transformation of a film that had been so long in the making, announced since *Sans soleil,* the film about Okinawa, that last monstrous blank in the memory of the Second World War. For the first time and with stunning success, Marker included an actress, Catherine Belkhodja, already present in *Silent Movie* – the real body of a real phantom-woman, drawn no less directly from "The Space of Shadows" than from the memory of *film noir*. He films her before his own computer, in his own room of working life; through her, he concentrates on a new dialogue with the machine-memory henceforth destined to include all words and images, and to renew our view of creativity and its exchanges. Thus *Level Five* is the film which leads toward *Immemory*, but which *Immemory* already transforms.

It is difficult, then, to say when Marker began devoting himself to *Immemory*. He has clearly been working on it since he defined a production plan with the Musée national d'art moderne in 1993, but also since he began attempting the invention of a kind of personal language on his computer, and since he began confiding ever more of his memory to the machine. Perhaps he started *Immemory* at the moment when he chose to write and to film; at the time when memory, after the war and the camps, became *his* problem, almost his sole subject. He entered *Immemory* as soon as he began to remember, to remember that he remembered, and to accumulate – in the increasingly disproportionate treasure of his archives where he keeps "everything" – the traces of his life refracted in so many others' lives: private lives, public lives, whose least vestige then "immediately sends you signs," as he says of the Land of Israel at the beginning of *Description d'un combat*.[14] One meets them as soon as one begins shuffling around, almost at random, through the treasure of *Immemory*: the telegram that was sent to inform Marker of the death of the musician Bola de Nieve, in October 1971, which one comes across in the Photo zone, Cuba section, chapter January 61. The photos of the Album of Uncle Anton, another emotional center of the CD, which one enters, for example, by following a branch from the Hitchcock section, inside the Memory zone. The speech by Castro that opens the literacy campaign, where one hears the famous words, "*Patria o muerte, venceremos*," to open the same chapter of January 61. Or, in the *Vertigo* section of the Cinema and Memory zones, the photo-scene of the section of a redwood trunk from *La Jetée*, niched in a still of the section of a redwood trunk from *Vertigo*, before which Scottie and Madeleine stand shock still, transfixed by the test of love and Time.

One quickly understands that *Immemory* cannot be one work among others in Marker's oeuvre. Whatever he may or may not do after his CD-ROM, it is clear that the latter already stands as a final work and a masterpiece, in conformity with its craftsmanly character and with its programmatic value. Its interactive nature implies a virtual dimension (Umberto Eco already distinguished between the simple "open work" designed to provoke a plurality of interpretations and the "work in motion" programmed to vary according to its executors[15]). But the virtuality of *Immemory* stems above all from the vertiginous relation between the limits the work adopts and the limitlessness it opens up.

Immemory is not an essay like *Sans soleil*, haunted by the fiction of a self-portrait traced in it like a watermark in paper; it is a self-portrait inhabited by new forces, and well aware that these are still partially undiscovered. Thus Marker inscribes himself within a tradition whose contours are quite delicate to trace, and whose benchmarks he troubles. Despite appearances, and despite the existence of an overall configuration, this tradition owes little to painting, where the domain spanned by the self-portrait is evident; but it touches to the quick of literature, and through it, to a few great but marginal works of cinema and more particularly of video art. At the price of all the ambiguities that the image and sentiment of self can knit with the image as such.

We know what the literary self-portrait is and is not, thanks to Michel Beaujour.[16] The literary self-portrait is quite foreign to autobiography, whose formula it casts aside even if it borrows many traits. It arises with the Renaissance, on the ruins of classical rhetoric, whose models it displaces and transforms to the benefit of a new type of concern with and invention of the self, which since then has not ceased to haunt Western literature. The method of the self-portrait is to oppose the search for what the writer is to the story of what he has done, in the direct lineage of book X of the *Confessions*, where Saint Augustine wonders about what he is becoming at the moment when he is writing his book. The self-portrait is born of idleness and withdrawal, as errancy and as monologue, opposing the floating movement of its own encyclopedia to that of the great heritages whose topics and mnemotechnics it mimics. Its quest relates it to spiritual exercises and religious meditation; it borders on philosophy, which is reborn from it, but whose certainties never detain it. Thus the self-portrait maintains itself as the "cogito of dislocated instances," without its author knowing where he is going or what he is doing, in an unresolved tension between "I think" and "I write" – reluctant hero of a book which has at once become utopia, body, and tomb. From Montaigne to Leiris, the self-portrait sketches out a kind of genre or subgenre with astonishingly stable contours. It can be fulfilled in a single book, which becomes the masterpiece and restless center of a lifetime (the case of the *Essays*, and, at least partially, of *The Rules of the Game*); or, even in a short book and often a late one, the aspects of the self-portrait that had until then been scattered throughout the oeuvre (and that remain more or less latent in every work in the modern literary space) can suddenly crystallize, such that the entire life work is retrospectively illuminated (the case of Rousseau's *Reveries of a Solitary Walker*, of Nietzsche's *Ecce Homo*, of Malraux's *Miroir des limbes* and his *Anti-Memoirs*, of *Roland Barthes by Roland Barthes*).

We are beginning to understand how the cinema, refractory to autobiography,[17] can have been attracted by the pull of the self-portrait, difficult to evaluate and always a little metaphorical. This attraction can be felt both on the experimental fringes (Stan Brakhage, Jonas Mekas, Boris Lehman, etc.) and in certain major works, already considered classics (Fellini, Cocteau, Welles, etc.). We have also seen the degree to which the transformations introduced by the video image accentuated this movement, through the appropriation of other modes of intimacy and bodily experience and the modification of the treatment of the image itself (for example, in the work of Vito Acconci, Jean-André Fieschi,[18] Thierry

Kuntzel,[19] Bill Viola, etc.). As always, Godard has cinematically registered and responded to an existing state of things, stressed here by the title and subtitle of a film which he alone could risk: *JLG/JLG Autoportrait de Décembre*. This was his way of suggesting that the projection system, responsible in his eyes for cinema's superiority over the other arts, is what traces the limits that remain between the film and the book, even when the one draws near the other; for each according to its own material reality seems in fact to allow something which the other prohibits. Despite all the displacements they allow, the visual playback technologies (cassettes, videodiscs, CD-ROM) do not suffice to eliminate the essence of this limit, for they come after the object itself and alter it without really changing it. This casts some light on the particular force of installations, which few filmmakers have used to their advantage and which are quite unknown to writers, but which have so helped Marker to displace himself. Indeed, the installation allows one to conjugate in visible space, by manifest processes, the circularities and fragmentations that books and films must treat within the logic of a space that is more or less subject to the linearity of time (absolutely so for the film, relatively so for the book). If the installation often touches on pure gestures of time, the maturation and intimacy of time are less accessible to it. But it can incorporate the book and the film, whose memory it thus revives, by redistributing it. Such was the gesture of *Silent Movie*, operating through five superimposed monitors and composing a personal legend of the childhoods of cinema. Jean-Louis Boissier has engaged in a similar gesture, capturing instants of Rousseau's *Confessions* and *Reveries* with video images absorbed into a computer, and thus constituting, between the material space of an album whose pages one turns and the physical reality of a writing room, a space of interactive transition between text and image.[20] But in order for the film to directly rejoin the book, one still needs something else. One needs, at the close of a double life spent stalking both the book and the film, this highly singular CD-ROM, *Immemory*.

The self-portrait is "first of all an imaginary stroll along a system of places, the repository of image-memories";[21] and so a kind of homology becomes natural between this psychic and material placement and the topographic modalities whose development is allowed by the CD-ROM, by way of arborescence and various modes of linkage and contiguity. Similarly, the entire group of computer technologies can appear as a gigantic equivalent of the arts and theaters of memory in Antiquity, the Middle Ages, and the Renaissance, whose models the self-portrait inherits and travesties, subordinating the aims of social persuasion and the systems for figurative representation of the human and divine world to a new concern with the self. Such a homology helps to understand how one can immediately find something of the self-portrait in works which previously would no doubt have borrowed the regimes of autobiographical chronology, testimony, and historical documentation. Take the example of *My Private Album*, by the Chinese artist Feng Mengbo: the menu offers four entries, three of which are biographical and autobiographical in character ("Grandparents," "Parents," "Xiaorheng and Me"), and a fourth which is devoted to excerpts of films from heroic Chinese propaganda cinema.[22] Though almost linear, the passage through the first three groups, formed essentially of delicately arranged photos, permits one to establish analogical and thematic relations between these and the fourth group as well – sensible and figurative constellations which go far beyond simple biographical retrospection. The already classic CD by George Legrady, *An Anecdoted Archive from the Cold War*, is similar in this respect. The author, one of two sons from a family of Hungarian refugees, has used the floor plan of a museum to order his materials;[23] the principle suffices to link his quest of memory to the model of places and images in classical rhetoric, whose possible procedures are fixed and automated by every CD-ROM. The large number of divisions in what is still a purely arborescent structure (eight main entries correspond to eight rooms, which in turn open up to some fifty subsections) allows for a very fragmentary development of the chosen materials, which are highly varied in nature. In this way the classical paths of biographical psychology and historical analysis are stripped down and diverted toward an enigmatic direction which throws meaning into suspension, as Barthes recommended, by confiding its remains to the reader who then manipulates them: one feels caught between an implicit didacticism and an art of evocation, the latter emanating from the clash between elements which are received as documentary flashes (whether they be purely informative or suddenly very poignant, like the family films).

The uniqueness of *Immemory* is to be the repository of an oeuvre and a life which have taken this century as a memory palace for all the world's memories. Between the path of Montaigne (one single book, or almost, begun early on, enriching itself with the passage of life and only complete after death, which it programs in a sense[24]) and the path of Barthes (a late book, which reflects the earlier work and sketches out the work yet to come), Marker invents an ambiguous path, which has as much to do with the logic of the media involved as with his need to write the rules of his own game.

If he went on to complete *Level Five* and *Silent Movie* during the composition of *Immemory*, if he honored his ethic of intervention by filming *Prime Time in the Camps* in Slovenia and by recording the testimony of a UN soldier in *Casque bleu*, it is because these works and gestures were in a sense already included within his major undertaking, along with the greater part of his oeuvre, stretching across forty years of books and films. For all of Marker is included here, at least in a certain way, whether in reality or by reflection, and virtually as well: that's the crazy crystal side of the thing. The Korean section of the Photo zone, for instance, is constituted by the whole of the book *Coréennes* (1959), an album of texts and images, reissued "with just a few adjustments in page layout," as we read in a postface. We are already quite close to a section of the Complete Works (and thus the CD-ROM opens up troubling perspectives for publishers – the people at Pléiade are already thinking ahead). But on other occasions, a sole image recapitulates a whole film by itself, and sometimes only for those who are in the know: in the Travel zone there is an image from the first shot of *Description d'un combat*, previously published in *Commentaires*; in the Photo zone, Russian section, there is a photo of Medvedkin, in echo to *The Last Bolshevik*; and if you continue without sidetracking through the section of the Cinema zone entitled *Wings*, you will find a photo of Tarkovsky from the reportage carried out during the filming of *The Sacrifice* and formerly included in one of the zones of *Zapping Zone*. However, the next photo, which shows Kurosawa, allows one to fork toward the Japan section of the Photo zone and thus to enter a loop of eleven photos standing in, if you will, for *A.K.*, the film shot by Marker during the shooting of *Ran*. And a single image, in its turn, recalls *La Jetée,* through *Vertigo*.

How then can one help but think that on each of these occasions and on many others, with just a trifling adjustment or perhaps some great leap forward in technology, all these films could one day appear, complete or in part, following new pathways through the CD-ROM of the twenty-first century? Even *Silent Movie*, with its five screens, could reappear inside *Immemory*. Because even an installation can enter a CD, not only in the form of a filmed document, but also thanks to artifices capable of simulating certain effects of real presence.[25]

The title *Immemory One*,[26] used for the presentation in the museum, implies this evolving perspective. Thus it anticipates the already scheduled transformation of the CD-ROM into the DVD-ROM, whose sevenfold increase in memory would allow one to integrate more developed and more numerous film sequences, perhaps in a larger format. One can already dream of a virtual "Immemory Two," a transformed version of the first, created on some as yet unimaginable principle – and so on to infinity, in the extension of a process with no other end than its own vertigo, or the natural end that life decrees. Proust, taken here as tutelary image, can provide at least an idea of this with his intercalated scrolls and sketches (a working process of which the new Pléiade edition has given us a glimpse). But it is equally plausible that Marker would wish to leave well enough alone. If that were the case, the new temporary title would have had the merit of marking a reserve with regard to the limit adopted here, both because of human limitations and because of the impossibility of knowing just how far technological progress can accompany the virtuality of the work.

Evoking to Verlaine his dream of a book, "nothing more" – though it would be the Book – Mallarmé held that although such a work would be "impossible to realize as a whole (one would have to be I don't know whom to do that)." Still one could at least dream of showing "an executed fragment," in order, he added, "that in one place its authentic glory should glitter, indicating the rest entirely, for which a life would not suffice."[27] In the minor mode of personal modesty, with the strength of understatement that Marker never abandons, the project of *Immemory* has at least this much in common with Mallarmé's, that once completed it is clearly not, and would have no true meaning if it could be. This paradox must be grasped in its very center, that center which Nietzsche said is everywhere. The self-portrait is justified here by its search for an access to memory, and – like Montaigne on his quest for man through the man that he had been – by its use of "the memory you've always got on you."[28] But what does it mean to "study the functioning of memory"? Once Proust and Hitchcock have been posed as reference-models at the entry to the Memory zone (the one for his quest for the truth of signs born of memory, the other for his staging of a mad desire that affronts the order of time), once the password has been put into place – "To each his madeleine" – which justifies writer and filmmaker while showing by a fabulous chance how the mind actually works, it still remains to discover just what a madeleine *is*. And that implies adopting a second password, which appears on the threshold of one of the Internet sites whereby the Marker mythology is conveyed: "I claim, for

Cover ill.

Ill. p. 160

the image, the humility and the powers of a madeleine."[29] The game, then, is to experiment with all the paths and links that make it possible to pass from one image to the next, through zones covering the history (or rather the experience) of one's life beneath the auspices of its geography – while at the same time rendering the whole thing virtually practicable for a reader. There is an index to help, opening up direct access to all the catalogued points that compose the eight zones of *Immemory*.[30] But above all, one feels clearly that it is within a given zone or in the movement from one zone to the next through to the various bifurcations, in the *passage from image to image*, without secret or center, in this transport from one "thing that makes the heart beat" to the next, from one memory to the other, that *portions of actual memory* are constructed, ceaselessly and without end. As a network.

Of course, Marker has not neglected the arts of memory, from which the self-portrait, wittingly or not, has drunk its riches since the Renaissance. He reminds us that Felipe Gesualdo (somewhat underplayed in Frances Yates' great book[31]) proposes in his *Plutosofia* "an image of Memory in terms of arborescence which is perfectly *logiciel*" [Marker's pun on the French word for computer program]. But if he is particularly careful to acknowledge his debt to Robert Hooke, the precursor of Newton's theories of gravitation who provided him with the most precise analogy of his undertaking, it is because the latter aimed not at an instrumental art of memory but at a veritable philosophy of memory in itself. Jacques Roubaud sees Hooke's conception of thinking as "the creation of memory and the memory of memory," a very modern view which would have to await Freud and Bergson to become prominent again.[32] Thus he shows how "Hooke's sphere"

Chris Marker, *Immemory*, 1997

allowed for the reconciliation of two major representations of artificial memory, the arborescent form and the circular form, whose fusion is accomplished in computer memory today, and of which *Immemory* seems to be a first equivalent in terms of personal exploration. With this we can understand why such a project should not have any identifiable form, except its starlike structure and the paths that structure permits. These paths are innumerable and interminable, despite the limits still imposed on their memory and on Marker's savoir-faire (he has deliberately preferred the solitary quality of his Proustian chamber, and of his own improvisations, to the effects of a more elaborate technique which would have required outside interference). The sole departure point is the table of contents; there is no point of arrival. Memory has neither beginning nor end. It is always coming back from the past, plunging toward its own future, concentrated in a present which it flees. Hooke, who conceives Memory as "a repository of ideas," thus qualifies "the last Idea formed, which is nothing other than the present Moment."[33] This is also what Deleuze, speaking of Resnais' cinematic transformation of Proust and Bergson, called Membrane-Memory, between inside and outside, actual and virtual.[34] *Immemory* is indeed that of which one cannot conceive any memory, one's own life forming at each instant an opaque whole, whence something surfaces upon the screen of memory.

An open work, or rather a work in motion, *Immemory* is perhaps above all a work in expansion, rendering it difficult to qualify. Thus a version of the eight zones of the CD-ROM, the "Marker Xplugs," is already found on an Internet site. This is the one in which the images are the freest and most projective (the CD adds an appeal on a par with

Lautréamont's adage about poetry made by everyone: "Now everyone knows how to fabricate an Xplug").[35] In the title of this site one recognizes the letters O.W.L., the abbreviation in *Level Five* for "Optional World Link," the "network of networks" through which is woven the strategy game of Okinawa, along with the contradictory utopia of an intimate and public space, open to infinity.[36] One recognizes the tutelary animal as well. How better to say that the owl's legacy leads the new democracy of thought to look to the machine for the most certain definition, not of its being, but of its instrumentality, as an art of address and conversation? That is what Marker called, in *Sans soleil*, the "the machine assistance plan for the human species, the only plan that offers a future for intelligence."[37]

Ill. p. 160

Since we also think by comparison, and Marker makes almost an art of it, here are at least three works or virtual works which *Immemory* brings to mind. The first, in homage to the Photo zone which extends far beyond its own territory, is Gerhard Richter's *Atlas*. For over thirty-five years now it has been enriched by all the levels of experience that its author undergoes, from intimate to political memory, intermingled with recalls of Richter's work as a painter. Five thousand photos presented today on six hundred panels, between footage and stills, fixed images of a living memory.[38]

The second work is also an atlas, the *Atlas of Mnemosyne*, conceived in the twenties by Aby Warburg.[39] He had imagined mounting on panels the profusion of iconographic documents accumulated during a lifetime of research, focused essentially on the traces of Antiquity in the art of the High Renaissance, but extending all the way to contemporary figurations. Montage is the compositional

131

De *Wings* à *Star Wars*, j'aurai vu voler beaucoup de choses sur les écrans du monde. Peut-être le cinéma a-t-il donné tout ce qu'il pouvait donner, peut-être doit-il laisser place à autre chose. Jean Prévost écrit quelque part que la mort, ce n'est pas si grave, ça consiste seulement à rejoindre tout ce qu'on a aimé et perdu. La mort du cinéma ne serait que cela, un immense souvenir. C'est un destin honorable.

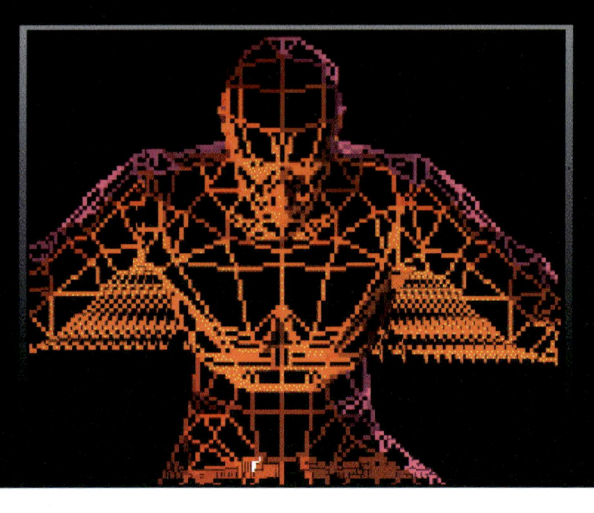

Chris Marker, *Immemory*, 1997

rule of a project that aims to disentangle the invariants of human expression from the myriad of chosen themes. Warburg planned to add texts to these panels, which were meant to be presented alongside each other, just like the images on each of the panels, according to principles of juxtaposition that he also applied to his "Library of Cultural Sciences."[40] Thus the sixty thousand volumes gathered today at the Warburg Institute in London compose the sole public library in the world where the books are organized by elective affinities rather than by an alphabetical or digital principle – as long before in the arts and theaters of memory, or in the "prodigious memory" of Cherechevsky, the famous mnemonist studied by Alexander Luria.[41]

The third work can be named "Edison's dream." Shortly before the invention of cinema, Villiers de L'Isle-Adam had his hero imagine how, with a "Lens assisted by a Phonograph," one could conceive a machine whereby Man, like God since the Creation of the world, "would discover the means to absorb, either by electricity or some more subtle agent, the perpetual inter-astral vibration of everything that happens... the eternal interstellar refraction of all things."[42] In Villiers' novel this prophecy of the network is virtualized, for better or worse, through a woman transformed into a prefiguration of the computer, the future Eve: at once "sovereign vision machine"[43] and writing machine.[44] This memory-woman fulfills almost the same romantic function as Laura in *Level Five*; and then *Immemory* comes to raise the stakes with its "Fées diverses," and also by making woman the sensible precondition of the desire for cinema, since the very childhood of the spectator Chris Marker. That desire crystallizes, for example, in the Cinema zone, around the "dream creature" of *Aelita*, the film by Protazonov which may have inspired *Metropolis*. In short, the cinema-equivalent of *L'Ève future*, which itself is the version-made-woman of the great dream of Mallarmé.

The latter spoke of the Book as a "spiritual instrument," the "total expansion of the letter"[45] of which *Un coup de dés* would be "an executed fragment"; but he also saw it beneath the auspices of the Festival, and as the Theater of a transformed humanity. Responding but three years after the invention of cinema to a survey about book illustration, Mallarmé chose to declare himself against it, in order to preserve the book's free play "in the mind of the reader." But rather than using photography, he added, "why do you not go directly to cinematography, whose unreeling, text and image, will replace so many a volume, advantageously."[46] Isn't that all at once in its exact confusion what will be designated a century later by the modest "book to come" whose image Marker prefigures, when he casts a new, suppler version of the total artwork into the interstellar space of the network, of which it becomes one of the innumerable relative points, at the same time as a possible and absolute image?

But all that tells nothing of how *Immemory* works, nor of the art emerging here, nor of the pleasure it affords. For that you must apply the rule that Marker extends to his reader, after the passage of the gates of the Memory zone and the choice of Alfred's way to arrive at *Vertigo*: "Friendly warning. If you don't know *Vertigo* by heart, there's no use reading ahead." If you don't appreciate Chris Marker, if your memory doesn't stock enough atoms of his protean work, if you haven't understood the exercise that compels a Sunday programmer to compress all his memory of the world into an insufficient space of real memory, if you're indifferent to the wild-eyed amateur side of the venture, if you don't feel the desire that Marker surmises in you by the strength of everyone's immemory – the desire to travel thanks to him toward the Remembrance of your own Things Past[47] – then you cannot possibly do justice to *Immemory*.

The first truly touching thing here is the autobiographical aspect of the self-portrait, whether real or simulated. There are chances, for example, that the author speaks the truth (he claims as much) when he reroutes Proust's maternal novel toward his aunt Edith and uncle Anton, a cosmopolitan couple whose Austro-Hungarian and Russian origins are sufficient to motivate a childhood passion for exoticism and travel, while at the same time providing Marker with the tutelary figure of a photographer father.[48] But so-called documentary truth does not exclude fabulation;[49] and here Marker reserves his right to the fiction of his own memory, sometimes leaving the veracity of it all to be decided by Guillaume, "the truth cat." Edith and Anton Krasna seem to lend a retrospective truth to the heteronym Sandor Krasna of *Sans soleil*, but the latter could also be the seed of a proliferating fiction (such is the beauty of well-guarded secrets). Didn't Fellini say, "I invented myself a childhood from scratch, a personality, desires, dreams, and memories, all this so I would be able to tell my own story"?[50] But Marker does not tell a story, properly speaking; he arranges, traverses, and assembles signs. His fiction arises from their circulation: the self-portrait at work. Thus: "I needed this CD-ROM to allow myself this flashback to a Cuban childhood." Marker has gone a long way in confidences to capture a possible truth of the destiny of Uncle Anton, the only figure of *Immemory* around whom is knotted the quest for identity that is replaced, for the author himself, by

Ill. p. 87

the glittering reflections of the self-portrait. The last of the "Post Cards," the album where Uncle Anton kept his family photos, comes after a text in which Marker recounts its discovery "in the course of this work." As though to give an image of the location of this photo, Marker detaches the word *ceci*, "this," inviting us to turn the page, which leads us to what we see: three severed heads on a table, barely touched by a man in a white smock, of whom we see only the torso. "Don't ask me anything more," adds a text panel, white on black. A poignant moment of another nature comes when the narrator, this time along Marcel's way in the Memory zone, decides "to name Madeleines all those objects, all those instants that can serve as triggers for this strange mechanism of memory." He then selects five objects, each of them linked to a theatrical representation of Marcel Achard's *Corsaire* (directed and acted by Jouvet, in 1938 at the Athénée, with Mademoiselle Ozeray); and twice the idea occurs to him that, sixty years later, he is perhaps the last human being to remember a certain music and a certain actor's gaze. The irreducibly solitary aspect of personal memory finds its peace by staging itself for cultural memory; and thus it enters the Museum of Memory. Culture, the "botany of death,"[51] permits the transformation of life, because it is a precondition of memory and of the search for things past. This time Marker has taken a cue from chance, as Guillaume will recall before we can leave the "Corsaire" sequence: "Mademoiselle Ozeray's first name was Madeleine."

Ill. p. 117

The second touching thing in *Immemory* is the pregnance of photography. It is omnipresent. All the more because its fixity requires little computer memory, quite to the contrary of the personal memory it inspires. Marker was born to the image through photography; he has always taken pictures. He is not "a real photographer," as he says of his reserves about taking certain images; no doubt he is not a great photographer either, in the sense where his photos could stand alone as works. But they never stand alone; they are the time-crystals of the commentaries they invite. Even if they are often undecidable, they have the advantage of being always "true," that is, of having one day been recorded, by Marker or others. Never have I so vividly felt the truth contained in Barthes' phrase, when he spoke of the photograph as "a 'matte' anthropological phenomenon, at once absolutely new and never to be transcended";[52] or later, when he added, "It is the advent of Photography – and not, as it has been said, of the cinema – which divides the history of the world."[53]

Then come all the passages of the image. Ever since *Lettre de Sibérie* – where he introduced two cartoon sequences into documentary reality, along with engravings and drawings – Marker has been one of those who have most contributed to dissolving the gap between the recorded image and the drawn or constructed one. Here, Guillaume is the benevolent hero of a need for familiar artifice. The tension between images in *Immemory* will probably be clearer when there are more film sequences, not only to contrast with the simple *here* and *then* of photography but also with the great variety of other images, drawn or painted, constructed or reconstructed with all the possibilities of video and computer techniques, or simply obtained through the much older art of collage, in which Marker engages with such relish. For there are many individually strong and interesting images in *Immemory*. And just as Marker does not hesitate in his film commentaries to touch obliquely on a detail of reality or to launch a comparison without worrying about the detail's supposed relation to the whole, so he gives in here to a certain pleasure of the heteroclite, which is particularly striking in the Xplugs. An attentive eye will catch passing surprises that leave one with something to reflect on as well as dream about: for example, Duchamp's *Nude Descending Staircase*, lifted from its background to descend the Odessa staircase in a still from *The Battleship Potemkin*. There are a great many ways of constructing the image in *Immemory*, and an abundance of surprises within the image. But this passion for the disparate does not exclude the strong presence of a rhythm, indeed of various rhythms, which modulate these passages of the image. They are all the more troubling in that one partially controls them, since each reader proceeds at his or her own pace. Thus there is a strong and inherent musicality in the transitions, wipes, fade-overs, etc. – in all the modes of passage from one image to the next, sometimes enriched with discreet appeals to music and with real sounds. But in fact this musicality culminates in the innumerable passages of text to image, because they are the most directly responsible for the circuits of meaning.

Marker begins with the book. But the book, for him, has always been more or less a book of images. His novel, in 1949, was already riddled with invisible images. His essay on Giraudoux, in 1952, bears witness to a very sure feel for the montage of texts and images. It was written the year of his first film, on the Olympic Games of Helsinki, two years after *Les Statues meurent aussi*, which he made with Resnais. In 1954 Marker founded the "Petite Planète" collection at Editions du Seuil. Associated with "Ecrivains de toujours" and opening the famous "Microcosme" series, the collection gave modern publishing its most inventive face. The words began to ricochet from books to films, from films to books. For example, between the filming of *Lettre de Sibérie* and *Description d'un combat* (both of which were published in *Commentaires* in 1961), the book *Coréennes*, in 1959, is presented by Marker as "a 'short film' that hopefully will herald the appearance of a new genre, distinct from the album and the reportage, which for lack of a better word would be called the *ciné-essay* – just as there are ciné-novels, with one important reserve: the characters do not yet express themselves in lovely little balloons like clouds, as they do in the comics. But we must learn patience…" Resnais was to fulfill this wish in *I Want to Go Home*, while Marker would have to await *Immemory*, where he generally reserves the balloons for the character of Guillaume, his only real alter-ego. But in those maelstrom years, long before the reappearance of *Coréennes* in his CD, Marker took another zigzag when he presented *La Jetée* in 1963 as a "photo-novel." Much later, in collaboration with the editors of Zone Books, he would design a book whose rhythm, thanks to the variation in the sizes of the photos and the intermittent subtitles of the commentary, comes rather close to what one experiences in *Immemory* – except that the text, in the CD, appears inside the images and very often moves, appearing and disappearing with the movements of the mouse, and participating all the more in the image which it affects. And there is quite a lot of text, which really should be read. Thus a new form of book is created, continually recalling the film to which it is now foreign, but of which it retains deep traces. It was apparently in the quest for a transformed book, and not to save memory, that Marker preferred to abandon the off-screen voice on which he had based himself as a writer-filmmaker,

Ill. p.141 & 144

Les peuples du monde s'unissent pour balancer les tanks à la flotte (pas tous, les Hongrois et les Tchèques s'en apercevront plus tard) - là le symbole est clair, mais de qui sont ces mains qui libèrent la colombe de la paix ? Mains de femme, sûrement, d'ange peut-être. "Qui donc, si je criais…" Godard pensait-il à Rilke en glissant cette image dans le générique d'*Alphaville* ?

Chris Marker, *Immemory*, 1997

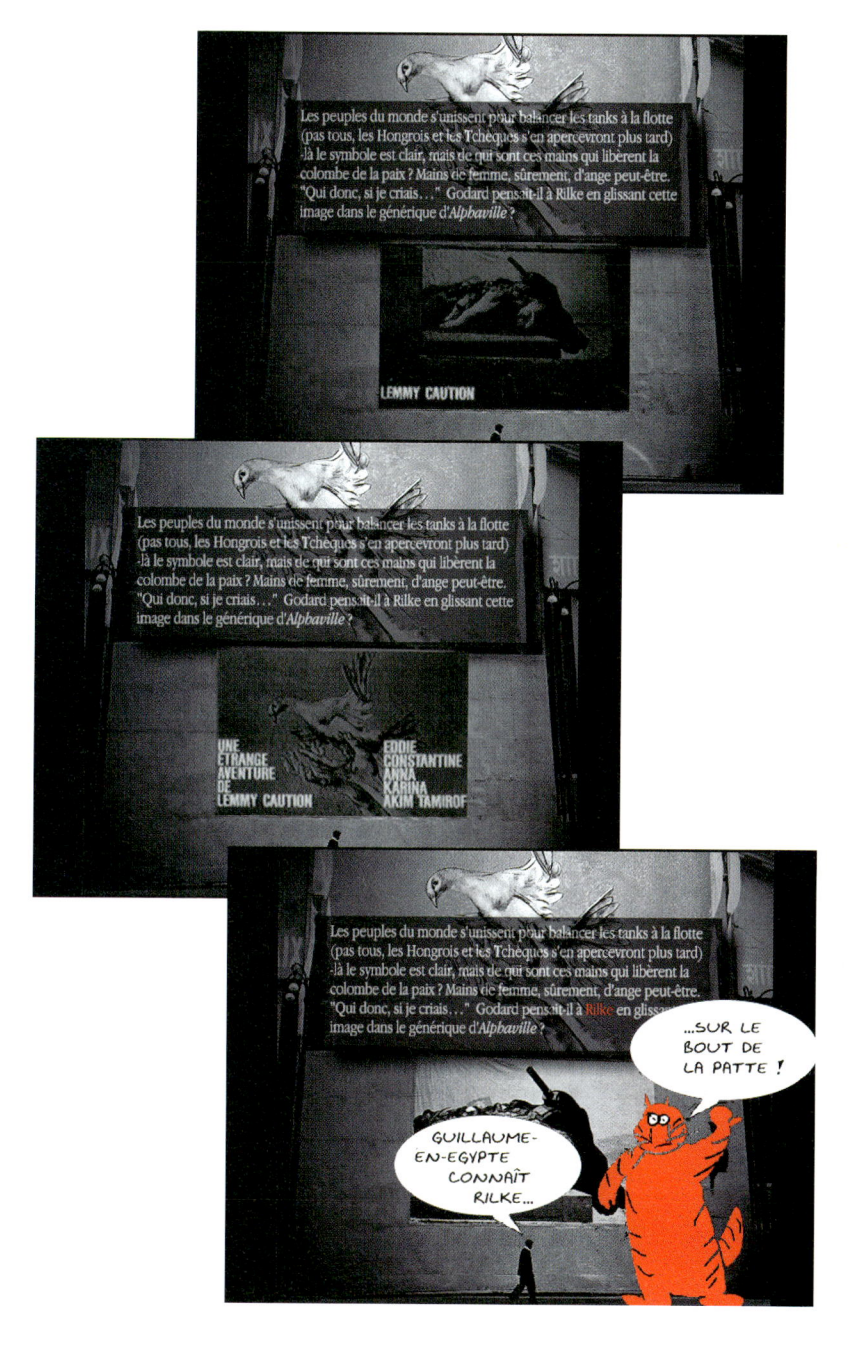

choosing instead to write flush with the image, in the very materiality of the computer screen. In the long history of relations between word and image, the CD-ROM in general carries out a fusion of Gutenberg and McLuhan which is still quite difficult to assess. In the brief history of the CD-ROM, *Immemory* is located somewhere between the book of images whose fictions illuminated our childhood years and the *Orbis Sensualium Pictus* (The Image of the Sensible World) by Comenius, the Czech contemporary of Hooke, who, like him, was late a heir to the arts of memory, but also a great precursor of the illustrated school book, the man whom Michelet considered "the Galileo of education," and whose life's work served as an ideal reference-point for the utopian pedagogy of Rossellini.[54]

Finally, there is cinema. It is both the uncertain memory of childhood and the memory of this century. Its mechanism and context of operation make it the ideal machine that poses oblivion as the precondition of memory. Thus the absolute privilege that Marker has always conferred on *Vertigo*, where this mechanism, turned backward, engenders a narrative that pushes the romantic madness of personal memory to its extreme, when it discovers the undecidable and perverse character of reminiscence in the encounter with the loved object. To remember

Ill. p. 75 *Vertigo* in *Immemory*, Marker uses simple but effective images to rewrite the only article he has devoted to a film for many years.[55] Here one measures the charm that inheres to the poverty of means, for it is difficult to know if the suggestion would be any greater were one to see Kim Novak really move her hand toward the cut redwood tree, instead of simply watching the arrested gesture on two frail stills.

Some of the most troubling effects within the

Cinema zone stem from mutually reinforcing mixtures between modes of images as well as words and images. For example, Marker's evocation of one of the two first films he saw as a child, with Simone Genevois in the role of Joan of Arc.[56] Marker himself controls the progression at the heart of this brief sequence (as he does elsewhere to different degrees, varying the pleasures) up to the instant in which we arrive at a still of the actress, in a slightly tinted close-up that fills the screen. Three black-and-white stills, identical to the first but smaller in size, then descend along the right side of the frame, covering one of the eyes; a text descends over the left part, behind which the rest of the face remains visible. To a background of swelling music, the central still comes to life, the face taking a half-turn and then returning back beyond its initial position, until it freezes again in an attitude which is now different from that of the two other stills. The text powerfully relates the manner in which this image "taught a child of seven how a face filling the screen was all at once the most precious thing in the world." The two following scenes, which we reach by turning the pages, recount the end of the story (the film rediscovered, the screening at the cinematheque, etc.) in an identical layout which twice aligns three different stills, without any further movement or music. One notes that each time a few words or letters stand out in lighter hues from the rest of the text, following the ripple of hair along the actress's face like a caress. How could one qualify this deceptively simple effect, mixing sound, movement, fixity, crisscrossing effects of figuration, and the body-gaze-face of a woman whose enigma a text strives to pierce, all between the posture of reading and the reminders of projection, to form the very example of *"things that make the heart beat"*? It's not much and yet signifi-

Ill. p. 94-95

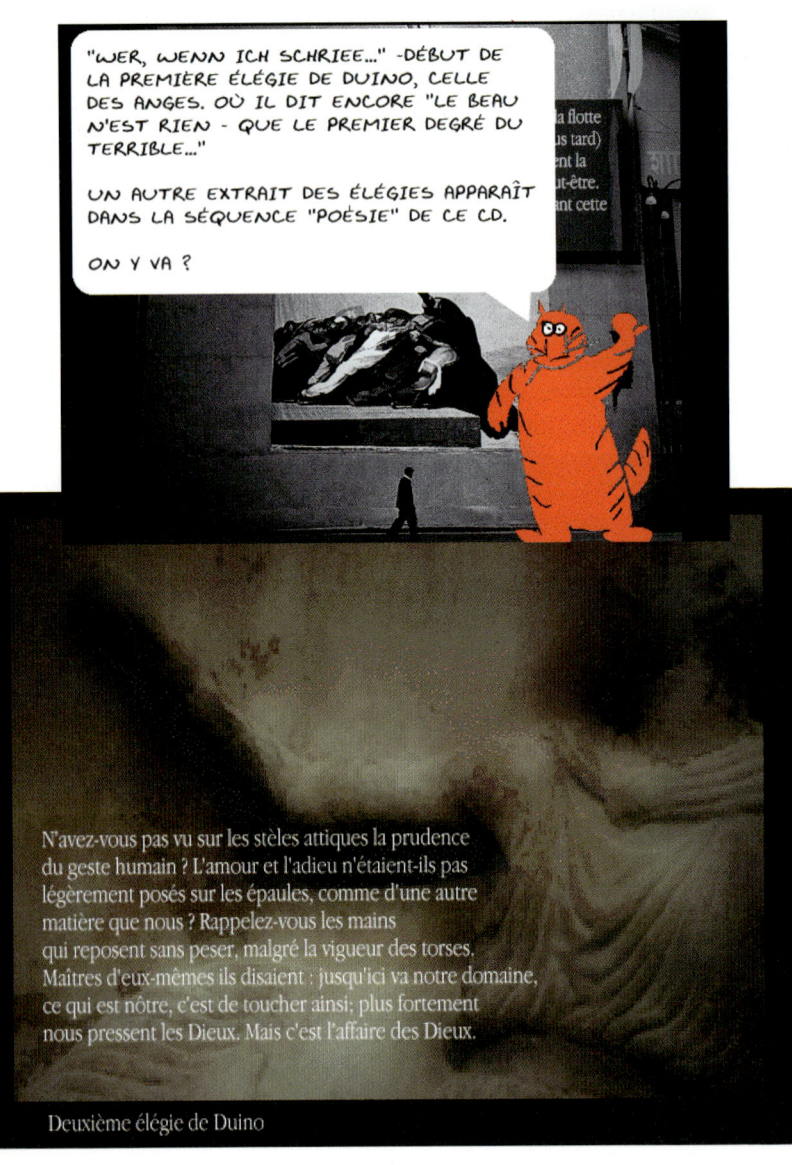

"WER, WENN ICH SCHRIEE..." -DÉBUT DE LA PREMIÈRE ÉLÉGIE DE DUINO, CELLE DES ANGES. OÙ IL DIT ENCORE "LE BEAU N'EST RIEN - QUE LE PREMIER DEGRÉ DU TERRIBLE..."

UN AUTRE EXTRAIT DES ÉLÉGIES APPARAÎT DANS LA SÉQUENCE "POÉSIE" DE CE CD.

ON Y VA ?

N'avez-vous pas vu sur les stèles attiques la prudence du geste humain ? L'amour et l'adieu n'étaient-ils pas légèrement posés sur les épaules, comme d'une autre matière que nous ? Rappelez-vous les mains qui reposent sans peser, malgré la vigueur des torses. Maîtres d'eux-mêmes ils disaient : jusqu'ici va notre domaine, ce qui est nôtre, c'est de toucher ainsi; plus fortement nous pressent les Dieux. Mais c'est l'affaire des Dieux.

Deuxième élégie de Duino

Chris Marker, *Immemory*, 1997

cant, just one detail among others; but in this context and with this ambition, it seems very new indeed.

Here is another example, differently striking. After leaving Moscow at dawn, to the sound of bells, in the Russia section of the Photo zone, then traversing a few more images, we meet Agnès Varda bundled up in her furs before the church of *Ivan the Terrible*, evoked by a still; then come six faces of Tatiana Samilova on a contact sheet, and we arrive at the image that concerns me. A composite, ambiguous image, in black and white. A kind of street: we see two lampposts on the right and left, we sense a building on the edges; in the center, a walking man. Overhanging this man are two rectangular images, the smaller one beneath the larger. One would think they are posters or paintings, canvases; they seem to be plastered on the wall of the street. The first shows a tank and a crowd pushing it over the edge; the second, two hands releasing a dove. One may recognize these images, or have forgotten them. If you let the mouse wander, a text appears, covering the bottom of the second image, between the dove and the tank. "The peoples of the world join hands to throw the tanks into the drink (not all of them, as the Czechs and Hungarians will find out later) – there the symbol is clear enough, but whose hands are releasing the dove of peace? A woman's hands, perhaps an angel's. 'Who, if I cried out...' Was Godard thinking of Rilke when he slipped this image into the credits screen of *Alphaville*?" When the "projection" of Godard's film then begins, with its close-up of the movie projector flashing in the dark, the trouble this image generates increases tenfold: now almost all the wall but not the edges, with the image of the tank in the center and the walking man, passes within the frame of the first image, which is darker,

Ill. p. 140, 141 & 144

145

as though we had entered a cinema; and our trouble deepens still more when a pan from bottom to top reveals the third shot of the credits, the image of the hands and the dove, which then flickers beneath itself in Marker's composition. When the projection stops, we come back to the initial image; but "Rilke" has turned red, inviting a bifurcation into the Poetry zone.

Here Marker uses in its totality a strange image which Godard had employed to compose his credits screen.[57] One is initially struck by the figural power of the effect, which remains undiminished even when it becomes clearer through repetition; somewhat as Magritte's *This is not a pipe* continues to surprise us even after the reading of Foucault's commentary. We are before a collage with many levels of meaning and sensation, to which is added a reference to the first Duino elegy and to the famous verses cited several times by Godard: "Beauty is nothing – but the first degree of terror."[58] No doubt that suffices to justify Marker's interpellation, all the more striking because it is not alone in *Immemory*, and because Marker, as though in passing, practices here with Godard what Godard himself has practiced massively with the history of cinema as a whole.

It inevitably comes to this, as soon as one reflects on cinema: these two adverse fashions of understanding the relation of words and images, of films and books, the fiction of the self-portrait and the future of cinema. It is clear that neither of them have any illusions, and that the two sensibilities are generally in accord over what cinema will have been. Lingering over the face of Simone Genevois, Marker writes it out explicitly: "Nothing had prepared me for this choice of a face enlarged to the dimensions of a house, and I am sure that the quasi-divine character of this apparition played its role in the enchantment. No doubt that is why I always feel something like aggression in the use of the word 'cinema' for the films one sees on television. Godard said it quite well, in his way: cinema is higher than us, it is that to which we must lift our eyes. When it passes into a smaller object on which we lower our eyes, cinema loses its essence. One can be moved by the trace it leaves, this keepsake-portrait that we look at like the photo of a loved one carried with us; we can see the shadow of a film on the television, the longing for a film, the nostalgia, the echo of a film, but never a film."

But there are two ways to treat this nostalgia. The Marker way and the Godard way. If you add the Resnais way, then you no doubt have the three paths that trace the most certain map, in France at least, of the thinking of cinema and its afterlife. It was to confer an ontological privilege on the image – which "will come in the time of resurrection"[59] – that Godard so long ago began his mourning chant for a death of cinema whose cross he bears. This ontological privilege is that of the icon, whose equivalent is formed by the recording of reality and its restitution through projection. There are two words in Russian, says Godard, for image: "One for reality, Clic Clac Kodak, another which is greater, deeper, farther, and nearer, like the face of the son of man after it was projected onto the veil of Veronica."[60] The privilege of cinema thus stems from projection, which it alone of all the arts has received in heritage, along with the possibility to project and reproject all the images of the world. Hence a difference of level, always, between words and images, which nonetheless seems finally to be seeking a balance in the work of a man who uses so many books and words, who plays with words and images, writing on the image itself as no one else has ever done; and yet this distance remains, between the words that serve and designate the image and the image itself. Hence the tragic quality of the image, which seems immemorial, inscribed in the history of the culture, at once as its nature and its supernatural. And hence, through the image, a tragedy of cinema which becomes its guarantor. This tragedy is what Marker has always sought not to ignore but to accommodate, within a vision of culture that cannot have cinema as its focal point, because in truth there is none, and cinema circulates in an infinitely wider history, even if it carries out an incomparable reprise of that history. The same holds for the relation to the image. As intractable as it may be, in *La Jetée* for instance, the image is not the support of any transcendence; its tragedy stems from the death it embodies, from the irreducible core of a life of which it is the sign, from the work of memory of which it becomes the support. It is not a belief. That is why the image also lives in the words that can be brought to bear on it, in all the forms of address of which it is the object. This also implies that all the forms of images are equally possible, and compatible with each other, that there is no inherent privilege to confer on a so-called "natural" image, whatever the respect one may show it. Finally, if the image of cinema is to remain this image of childhood, larger than life and projected, no doubt it must also allow one to imagine truly new configurations beyond itself.

Thus there would seem to be he who wants to believe in heaven and he who believes in it no longer (as in the poem by Aragon, which the one quotes and the other does not). Two arts of the self-portrait, both so new, and opposed in every respect. One who makes a gift of his own body to cinema, the other who hides from it. One who becomes cinema all on his own, the other who was never but half a film-maker and now pushes this oversimplified image aside. One who makes the silent movie into the primal scene of a cinema that reprojects this scene for the history of the world, one who raises a discreet altar of personal memory to the silent movie. They do not share the same Russia – and that could be a path to follow, one of the red threads through the layers of history in which they have been both actors and witnesses. Nor are *Immemory* and *Histoire(s) du cinéma* haunted by the same Hitchcock and the same Proust. For Godard, Hitchcock is the figure of an unequaled mastery over the world won through the power of *mise en scène*; for Marker he is the man who once touched memory all the way to the madness of dispossession. For Godard, Proust becomes the metaphor of a lost time that only cinema still allows one to regain; for Marker, he remains the one who, in himself, through a "little piece of madeleine," opens "the immense edifice of memory," forever.

If one patiently follows the section entitled *Wings*,[61] one of the three cult-films that compose the Cinema zone ("Is it really the first film that I SAW?"), at the end of the line one finally arrives before a strange image. Against a black ground, three white lines sketch an open rectangle, like a goalie's cage with its two poles gradually disappearing toward the bottom. One reads, above the horizontal bar, the following lines: "From *Wings* to *Star Wars*, I will have seen many things fly over the world's screens. Perhaps cinema has given all it can give, perhaps it must leave room for something else. Jean Prévost writes somewhere that death is not so grave, that it consists only in rejoining all that one has loved and lost. The death of cinema would be only that, an immense memory. It is an honorable destiny." The

Ill. p. 129

Ill. p. 132

Ill. p. 4

time of reading allows for the sudden appearance, unfolding from the center of an open screen, of a synthetic being, in color, the emblem of the new images. It is the same image that serves, in reduction, as the icon of the Cinema zone in the main menu of *Immemory*.

Notes

The titles of Chris Marker's films only appear in English when they have been translated by Marker himself.
This text went to press before the English translation of Immemory *was ready; quotes from Marker's texts may therefore appear with slight differences in the CD Rom itself. – Trans.*

1. "Ca prend," *Magazine littéraire* 14, special section "Proust," January 1979.
2. "Chris Marker, *Lettre de Sibérie*," in *Le Cinéma français de la Libération à la Nouvelle Vague* (Paris: Cahiers du cinéma, 1985), pp. 179-181.
3. *Sans soleil*, French text published in *Trafic* 6, Spring 1992, pp. 85, 97.
4. The video dates from 1982-1983, the book from 1982.
5. *Sans soleil*, p. 81.
6. Ibid., p. 92.
7. "Ajvinia m'écrivait"; "Ajvinia m'écrivit," in *Ailleurs* (Paris: Gallimard, 1967, p. 65). Let us also recall that one of the stories in Michaux's *La Nuit remue* is entitled "La Jetée."
8. Chris. Marker, "A free replay (notes sur *Vertigo*)," *Positif* 400, June 1994, p. 85. Most of this text appears in the *Vertigo* section, shared by the Cinema and Memory zones of *Immemory*.
9. *Sans soleil*, p. 92.
10. Anatole Dauman records this phrase in his book *Souvenir-écran* (Paris: Centre Georges Pompidou, 1989), p. 149.
11. These are the subtitles of episodes 8, 6, and 10. The first is the title of Michaux's famous anthology; the second that of Barthes' book on Japan; and the third is the title of a book by Nicolas Bouvier (Edinburgh: Polygon, 1992), which Marker quotes approvingly in the opening paragraph of the Travel zone of *Immemory*.
12. In his "Statement of Intentions" for *Immemory* , Marker notes: "I remain faithful to my terminology in *Passages de l'image*." The term appears as early as *Sans soleil*, "in homage to Tarkovsky": the

zone is the space of video transformation treated by Hayao Yamaneko with his synthesizer. The word also comes from Michaux, in particular from "L'espace aux ombres" (*Face aux verrous*, Paris: Gallimard, 1967, original publication in 1952), where various zones are designated by letters or numbers, with qualifications such as shelter zone, vacation zone, waiting zone, strong zones, weak zones. In *Immemory*, to keep things complicated, Marker also sometimes speaks of "sequences" to designate either the equivalent of a zone or a space of smaller dimensions.

13. Jean Louis Schefer, *L'Homme ordinaire du cinéma* (Paris: Cahiers du cinéma-Gallimard, 1980), p. 163.

14. Chris Marker, *Commentaires* (Paris: Seuil, 1961), p. 127.

15. Umberto Eco, *The Open Work* (Cambridge, Mass.: Harvard University Press, 1989), see the first chapter, "The Poetics of the Open Work."

16. Michel Beaujour, *Miroirs d'encre* (Paris: Seuil, 1980). All the following points are developed in the introduction, "Autoportrait et autobiographie."

17. Elisabeth Bruss, "Eye for I: Making and Unmaking Autobiography," in *Autobiography: Essays Theoretical and Critical* (Princeton University Press, 1980).

18. Fieschi was the first, in the seventies, to seek the material of the self-portrait at least partially in cinema, in its sites and memory, emblematized in the title of his great unfinished work, *Les Nouveaux Mystères de New York*.

19. Kuntzel's video work (which also deals, less directly, with the effects of memory linked to cinema) began within an unfinished re-editing of *La Jetée*, entitled *La Rejetée*, where he took Marker's film as the object of a transformable memory (see his "Notes sur *La Jetée*," in the catalogue of his retrospective at the Galerie Nationale du Jeu de Paume, 1993).

20. See his interactive installation *Flora Petrinsularis* (1993), initially presented by the author in "Le logiciel comme rêverie" ("Le temps des machines," *Cinéma et Littérature* 8, Valence, 1990). The completed project, which has been presented in several forms, is now being developed into a CD-ROM.

21. Michel Beaujour, op. cit., p. 110.

22. It was presented in Documenta X (1997), but does not figure in the exhibition guide. The piece dates from 1996.

23. "The Former Hungarian Workers' Movement (Propaganda) Museum." The CD dates from 1994.

24. The first edition of the *Essays* was published in 1580, the second in 1588. Montaigne carefully prepared the famous "posthumous edition" of 1595 with his "sister-in-law" Marie de Gournay.

25. For example, the CD currently being produced by Anne-Marie Duguet on the installations of Muntadas.

26. *Immemory* was presented under this title at the Georges Pompidou Center, June 4 – September 29, 1997.
27. Stéphane Mallarmé, *Œuvres complètes* (Paris: Bibliothèque de la Pléiade, Gallimard, 1965), pp. 662-663.
28. Chris Marker, "Texte de présentation" for *Immemory*.
29. The phrase, taken from the "Texte de présentation" for *Immemory*, appears in English in the site created by Adrian Miles; the words "I" and "madeleine" are set apart in large red letters and the sentence is signed "Chris Marker, 1994."
30. For memory: War, Poetry, the Museum, Photography, Travel, Cinema, Memory, Xplugs (there were many more zones in the initial project of *Immemory*). The Photo zone, for example, is divided into various subsections: Russia, Japan, Korea, China, Cuba, Elsewhere, and "Fées diverses" [a pun conflating the word for "fairy" or "sprite" and the expression *faits divers*, news items – Trans.].
31. Frances Yates, *The Art of Memory* (London: Routledge and Kegan Paul, 1966).
32. Jacques Roubaud, *L'Invention du fils de Leoprepes, Poésie et Mémoire* (Circé, 1993), § 8, "La sphère de Hooke," pp. 54-61.
33. Ibid., p. 55.
34. *Cinema 2: The Time-Image* (Minneapolis: University of Minnesota Press, 1989), p. 207: "a polarized membrane which is constantly making relative insides and outsides communicate or exchange... like two zones which communicate all the more, or are all the more in contact, because they cease to be symmetrical and synonymous."
35. This program, which took 48 minutes to download onto a rather powerful computer, consists of a "Slide Show" whose 56 captioned images follow each other at an even pace, for a period of about four minutes. It includes many of the Xplugs of *Immemory* but also many other images, some of which come from other zones (the Museum, War, Photography). Immediately after the title image, signed Chris Marker, it presents the word "Self-Portrait" as the caption of the second image, which shows three cats' heads amid models of molecules or orbiting bodies, which reappear, enlarged, in the third image, captioned "Art on the Web." As to the word "plug," it obviously evokes the possibility of connecting any and everything.
36. "The network of networks, which allowed one to hook up free of charge with any data bank on the planet... Apparently the initiates were even able to hook into the nervous system of their correspondents." The program-voice of O.W.L. also says: "This terminal gives you access to all available networks: radio, television, computer, existent or non-existent, present or yet to come. The byte slipper has replaced the woolen stocking, gold and the dollar are out of date. Feel the heartbeat of the future, here beneath your fingertips: the knowledge standard."

37. *Sans soleil*, p. 89.
38. It was presented in its latest version at Documenta X, and published under the title *Atlas der Fotos, Collagen und Skizzen*, by the Lenbachhaus, Munich, and Oktagon Verlag, Cologne, in 1997.
39. Concerning the project as a whole, see Aby Warburg, "Mnemosyne," and Werner Rappl, "Les sentiers perdus de la mémoire," *Trafic* 9, Winter 1994.
40. The 65 panels of the *Atlas of Mnemosyne* presented Vienna in 1994 – arranged in 65 small cells, with scenography by Anne and Patrick Poirier, for an exhibition designed by the Daedalus group – constituted a kind of virtual CD-ROM: each of the panels included between 3 and 36 images, 1,100 reproductions in all, mounted together with texts excerpted from Warburg's notes for the *Mnemosyne* project. It was directly linked to the reality of the Library, forming one whole, as in Warburg's motto: "Das Wort zum Bild" (words to images, or vice-versa).
41. The great Russian psychologist relates this famous case in "Une prodigieuse mémoire" [1965] (*The Mind of a Mnemonist*, New York: Basic Books, 1968). For the French publication the case has been paired with another, under the title *L'Homme dont le cerveau volait en éclats* (Paris: Seuil, 1995).
42. *L'Ève future* (Club français du livre, 1957), pp. 580 et 579.
43. Ibid., p. 657.
44. As described by Friedrich Kittler, for example, when he puts woman and the typewriter under the heading of the instrumentation of thought, with respect to Nietzsche among others (in the third section of his book *Gramophon, Film, Typewriter*, Berlin: Bruckmann & Rose, 1986). Here is how the two golden phonographs forming the lungs of the "Andréide" function: "They pass back and forth the metal sheets of her harmonious – and I should say *heavenly* – conversation, somewhat as printer's plates pass the sheets to be printed. A single tin ribbon can contain seven hours of her words. These are imagined by the greatest poets, the most subtle metaphysicians, and the most profound novelists of this century" (p. 709).
45. Mallarmé, op. cit., pp. 378, 380.
46. Ibid., p. 878.
47. "But my fondest wish is that there should be enough familiar codes here (the travel photo, the family album, the totem animal) that the reader-visitor can gradually replace my images with his, my memories with his, so that my Immemory can serve his as a springboard for his own pilgrimage through Time Regained" ("Texte de présentation").
48. See illustration p. 87.
49. In the sense recalled by Deleuze, in the third section of his chapter "The powers of the false" in *The Time-Image* (op. cit.),

where he speaks of the modern forms of documentary which reinvent fabulation.
50. Quoted by Elisabeth Bruss, op. cit., p. 481.
51. The expression comes from the first sentence of *Les Statues meurent aussi*, in *Commentaires*, op. cit., p. 11.
52. "Rhetoric of the Image," *The Responsibility of Forms* (New York: Hill and Wang, 1985), p. 34 (the text dates from 1964).
53. *Camera Lucida* (London: Fontana, 1984), p. 88.
54. See Frances Yates, op. cit.; Olivier Cauly, *Comenius* (Paris: Editions du Félin, 1995), pp. 282-286; Roberto Rossellini, *Fragments d'une autobiographie* (Paris: Ramsay, 1987), pp. 41-42.
55. See note 8 above.
56. *La Merveilleuse Vie de Jeanne d'Arc* by Marc de Gastyne (1928).
57. Marker himself took this photograph in 1956 at the Youth Festival in Moscow, in Manezhnaya Square.
58. Godard quotes them in their entirety, and in a more literal translation: "Le beau n'est que le commencement de la terreur que nous sommes capables de supporter."
59. In *Histoire(s) du cinéma* 1A (1989).
60. In *Les Enfants jouent à la Russie* (1993).
61. By William Wellman (1927).

(Thanks to Mireille Cardot, Corinne Castel, Evelyne Cazade, Ysé Tran, Christine van Assche, Jean-Luc Alpigiano, Jacques Aumont, Bernard Eisenschitz, David Rodowick.)

Filmographie / Filmography

Longs métrages / Feature Films

1952 – **Olympia 52** (Helsinki) (82')
1958 – **Lettre de Sibérie** (62')
1960 – **Description d'un combat** (Israël) (60')
1961 – **Cuba si** (52')
1962 – **Le Joli mai** (Paris) (165') En deux parties/in two parts:
   1. **Prière sur la Tour Eiffel** 2. **Le Retour de Fantômas**
1965 – **Le Mystère Koumiko** (Tokyo) (54')
1966 – **Si j'avais quatre dromadaires** (49')
1970 – **La Bataille des dix millions** (Cuba) (58')
1974 – **La Solitude du chanteur de fond** (Portrait d'Yves Montand) (60')
1977 – **Le Fond de l'air est rouge (A Grin Without a Cat)**
   (240'/version internationale: 180'/international version: 180')
   En deux parties/in two parts: 1. **Les Mains fragiles (Fragile Hands)**
   2. **Les Mains coupées (Severed Hands)**
1982 – **Sans soleil** (110')
1985 – **AK** (Portrait d'Akira Kurosawa) (71')
1996 – **Level Five** (105')

Courts métrages / Shorts

1956 – **Dimanche à Pékin** (22')
1962 – **La Jetée** (28')
1969 – **Le Deuxième procès d'Artur London** (28')
   – **Jour de tournage** (L'Aveu) (11')
   – **On vous parle du Brésil** (20')
1970 – **Carlos Marighela** (17')
   – **Les Mots ont un sens** (Portrait de François Maspero) (20')
1971 – **Le Train en marche** (Portrait d'Alexandre Medvedkine) (32')
1973 – **L'Ambassade** (20') (Super-8)
1981 – **Junkopia** (San Francisco) (6')
1984 – **2084** (Centenaire du syndicalisme) (10')

Télévision / Television

1989 – **L'Héritage de la chouette** (13 x 26')
1990 – **Berliner Ballade** (Antenne 2/Envoyé Spécial)
   (25': TV/29'05: version intégrale/full version)
1993 – **Le Tombeau d'Alexandre (The Last Bolshevik)** (2 x 52')
   En deux parties/in two parts:
   1. **Le Royaume des ombres** 2. **Les Ombres du royaume**
   – **Le 20 heures dans les camps (Prime Time in the Camps)** (28')
1995 – **Casque bleu** (26')

Multimédia / Multimedia

1978 – **Quand le siècle a pris formes** (12')
   Vidéo (multi-écran) dans l'exposition *Paris-Berlin* au Centre Georges Pompidou/
   Video (multiscreen) in the *Paris-Berlin* exhibition at Centre Georges Pompidou
1990 – **Zapping Zone** (Proposal for an Imaginary Television)

Vidéo, ordinateur, photographie et film dans l'exposition *Passages de l'image* au Centre Georges Pompidou – Coll. MNAM, Centre Georges Pompidou / Video, computer, photography and film in the exhibition *Passages de l'image* at the Centre Georges Pompidou – Coll. MNAM, Centre Georges Pompidou
1995 – **Silent Movie** Vidéo (multi-écran) / Video (multiscreen)
1997 – **Immemory** CD-ROM
Production et édition Centre Georges Pompidou & Films de l'Astrophore / Produced and published by Centre Georges Pompidou & Films de l'Astrophore

Vidéo / Video

Inclus dans *Zapping Zone* (1985-1990) / Included in *Zapping Zone* (1985–1990)
– **Matta 85'** (14'18)
– **Christo 85'** (24')
– **Tarkovski 86'** (26')
– **Éclats** (20')
– **Bestiaire** (9'04): **Chat écoutant la musique** (2'47)
  An Owl Is an Owl Is an Owl (3'18)
  Zoo Piece (2'45)
– **Spectre** (27')
– **Tokyo Days** (24')
– **Photo. Browse** (17'20) (301 photos)
– **Détour. Ceaucescu** (8'02)
– **Théorie des ensembles** (11')

Additions à *Zapping Zone* / Additions to *Zapping Zone*
1992 – **Azulmoon** (boucle / loop)
– **Coin fenêtre** (9'35)
1993 – **Slon Tango** (4'15)

Clip vidéo / Music video

1990 – **Getting Away with It** (4'27) (London – Group Electronic)

Coréalisations / Co-Directed Films

1950 – **Les Statues meurent aussi** (Alain Resnais) (30')
1968 – **À bientôt j'espère** (Mario Marret) (55')
– **La Sixième face du Pentagone** (François Reichenbach) (28')
1972 – **Vive la baleine** (Mario Ruspoli) (30')

Films collectifs / Collective Films

1967 – **Loin du Viêt-nam (Far from Vietnam)** (115')
1974 – **Puisqu'on vous dit que c'est possible** (*Lip*) (60')
1975 – **La Spirale** (Chili) (155')

Commentaires / Narrations

1956 – **Les Hommes de la baleine** (Mario Ruspoli)
1957 – **Le Mystère de l'atelier quinze** (Alain Resnais)
1959 – **Django Reinhardt** (Paul Paviot)
1963 – **À Valparaiso** (Joris Ivens)
1966 – **Le Volcan interdit** (Haroun Tazieff)

Ce livre est coédité par Yves Gevaert et le Centre Georges Pompidou, Musée national d'art moderne, à l'occasion de l'édition du CD-ROM *Immemory* de Chris Marker.

This book has been copublished by Yves Gevaert and the Centre Georges Pompidou on the occasion of the release of the CD-ROM *Immemory* by Chris Marker.

Éditeurs/editors: *Christine van Assche, Yves Gevaert*
Traduction anglaise/English translations: *Brian Holmes*
Recherches documentaires/research assistants: *Elisabeth Harter, Jean-Luc Alpigiano*
Mise en pages/layout: *Leopold en Zonen, Gand/Ghent*
Photogravure/photo-engraving: *Leleux, Bruxelles*
Impression/printing: *Imschoot, Gand/Ghent*

Crédits photographiques/Photo credits:

Chris Marker: toutes les images d'*Immemory*/all the images from *Immemory*.
Archives Roland Barthes/IMEC: p. 64.
Cahiers du cinéma: p. 12 (bas/bottom), 13 (haut/top), 28 (bas/bottom), 34, 40 (haut/top), 47.
Cinémathèque Royale, Bruxelles: p. 20, 28 (haut/top).
Collection Laurent Roth: p. 8, 13 (carte postale), 29, 40 (bas/bottom).
Éditions du Seuil: p. 21.

Remerciements/Special thanks:

- *Philippe Bidaine* et/and *Benoît Collier*, *Service Éditions Centre Georges Pompidou*
- *Corinne Castel, Sylvie Chabot* et/and *Étienne Sandrin,Service Nouveaux Médias, Musée national d'art moderne,Centre Georges Pompidou*
- *Birgit Kämper, Thomas Tode*
- *André Itten, Centre pour l'image contemporaine, St-Gervais, Genève*
- *Cahiers du cinéma, Paris*
- *Cinémathèque Royale, Bruxelles*
- *Éditions du Seuil, Paris*
- *Hubert Damisch*
- *Michel Salzedo*

Avec la participation du Centre pour l'image contemporaine, St-Gervais, Genève
With the participation of the Centre pour l'image contemporaine, St-Gervais, Genève

© Yves Gevaert éditeur et les auteurs
Dépôt légal: D/1997/6259/2
ISBN: 2-930128-07-0

Centre Georges Pompidou
ISBN: 2-85850-942-5

C hris M arker W.W.W. S ite

i claim, for the image, the humility and the powers of a *madeleine.*

(Chris Marker, 1994.)

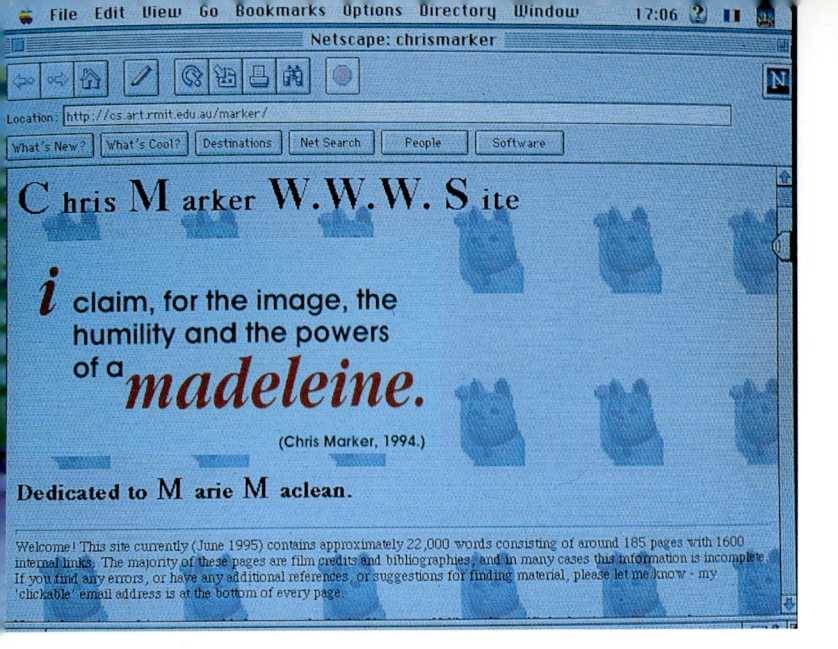

Dedicated to M arie M aclean.

Welcome! This site currently (June 1995) contains approximately 22,000 words consisting of around 185 pages with 1600 internal links. The majority of these pages are film credits and bibliographies, and in many cases this information is incomplete. If you find any errors, or have any additional references, or suggestions for finding material, please let me know - my 'clickable' email address is at the bottom of every page.

http://cs.art.rmit.edu.au/marker/
http://www.his.com/~maaland/o.w.l./